〈頻出ランク付〉
昇任試験シリーズ 4

行政法101問

【第3次改訂版】

地方公務員昇任試験問題研究会 編

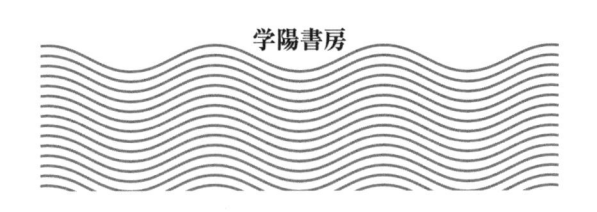

学陽書房

第3次改訂版にあたって

　実務にたずさわっている自治体職員にとって，昇任昇格試験の勉強というのは，いろいろな制約があるものです。仕事が忙しかったり，お酒のつきあいがあったり，家庭の問題があったり等様々な理由によって試験勉強が妨げられるのが普通です。

　そこで，昇任昇格試験を経験したメンバーで構成されている当研究会では，同様の悩みの中での学習を余儀なくされた自らの体験をもとに，受験者の方々が短期間に，最小限の労力で，自治体職員として知っておくべき事柄をマスターできる問題集を，という狙いで平成7年にこのシリーズを誕生させました。

　シリーズ4作目の「行政法101問」は初版刊行以来，版を重ねてきましたが，平成26年には法創設以来52年ぶりに行政不服審査法の抜本改正が実現し，同改正法（平成26年法律第68号）は平成28年4月から施行されています。

行政不服審査法の全部改正（平成26年法律第68号）のポイントが，①公正性や②使いやすさであるとすれば，同時に一部改正された行政手続法（平成26年法律第70号，平成27年4月施行）は，市民の救済手段の充実・拡充を図ることを狙いとしています。

　そこでこの度，改正法の内容を最大限網羅し，設問の大幅な差替えをするとともに，自治体の明日を担う職員が身に付けておきたいミニマム・エッセンシャルズをまとめて，第3次改訂版として発刊することとしました。

本書はまた，次のような特徴をもっています。

○東京都及び東京23特別区，大阪府，埼玉県，札幌市，横浜市，神戸市などで実際に出題された昇任試験問題をもとに，試験突破のための必須101問を厳選収録した。

○101問の中でも，出題頻度の高い順に，★★★，★★，★の3段階のランクを付けてあるので，時間のないときなど，頻度の高いものから学ぶと効果的である。

○五肢択一の問題を左頁に，各肢に対応する解説を右頁に，できるだけ条文，判例，実例を掲げるように務めた。

○難しい用語にはフリガナを，重要な語句には解説を施してあるので，事典や参考書を見る手間が省略できる。

○「正解チェック欄」を設けてあるので，一度当たって解けなかった問題をチェックしておけば，試験直前の再学習に便利である。

学ばなければいけないことの多い受験者にとって，このようなメリットをもつ本シリーズは，短い時間で効果の上がる問題集として非常に有効であると確信します。

受験者各位が本書をフルに活用し，難関を突破されることを期待しています。

平成28年4月

地方公務員昇任試験問題研究会

行政法 101問・目次

★★★, ★★, ★……頻度順の星印

行政と行政法

1. 行政法規の特質 …………………………… ★   *2*
2. 行政法の法源 ……………………………… ★★ *4*
3. 行政(官)庁 ………………………………… ★   *6*
4. 権限の委任 ………………………………… ★   *8*
5. 私人の公法行為 …………………………… ★   *10*
6. 行政法上の私人の権利 …………………… ★★ *12*
7. 公物の利用関係 …………………………… ★   *14*
8. 受益者負担 ………………………………… ★★ *16*

行政行為

9. 行政行為の公定力——① ………………… ★★★ *18*
10. 行政行為の公定力——② ………………… ★★★ *20*
11. 行政行為の効力 …………………………… ★★ *22*
12. 行政裁量——①便宜裁量 ………………… ★★★ *24*
13. 行政裁量——②羈束裁量と便宜裁量の区別 ……… ★★ *26*
14. 法律行為的行政行為——① ……………… ★★★ *28*
15. 法律行為的行政行為——② ……………… ★★★ *30*
16. 命令的行為——①許可・認可 …………… ★★★ *32*
17. 命令的行為——②警察許可 ……………… ★★ *34*
18. 形成的行為——① ………………………… ★★ *36*

19	形成的行為——②	★★	38
20	形成的行為——③	★★★	40
21	形成的行為——④	★★	42
22	形成的行為——⑤	★★★	44
23	準法律行為的行政行為——①	★★★	46
24	準法律行為的行政行為——②	★★	48
25	無効な行政行為——①	★★★	50
26	無効な行政行為——②	★★	52
27	取り消し得べき行政行為	★★★	54
28	行政行為の取消し——①	★★★	56
29	行政行為の取消し——②	★★★	58
30	行政行為の取消し——③	★★	60
31	瑕疵ある行政行為	★★	62
32	行政行為の成立要件	★★	64
33	瑕疵ある行政行為の取消し	★★	66
34	無効の行政行為の転換	★★★	68
35	行政行為の撤回——①	★★★	70
36	行政行為の撤回——②	★★★	72
37	行政行為の撤回——③	★★★	74
38	行政行為の附款——①	★★★	76
39	行政行為の附款——②	★★★	78
40	行政行為の附款——③	★★★	80
41	行政行為の附款——④	★★	82
42	行政行為の附款——⑤	★★	84

行政過程における行政形式

43	行政立法──①法規命令	★★	86
44	行政立法──②法規命令	★★	88
45	行政立法──③行政規則	★★	90
46	行政指導──①	★★★	92
47	行政指導──②	★★★	94
48	行政契約──①	★★	96
49	行政契約──②	★★	98
50	行政計画	★★	100
51	行政手続法──①規制対象	★★	102
52	行政手続法──②地方公共団体への適用	★	104
53	行政手続法──③申請に対する処分・不利益処分	★	106
54	行政手続法──④平成26年改正	★★★	108
55	行政手続法──⑤処分等の求め	★★	110

行政の実効性の確保手段

56	行政代執行法──①	★★★	112
57	行政代執行法──②	★★	114
58	行政代執行法──③	★★★	116
59	行政上の強制徴収	★★	118
60	行政上の強制執行と行政罰	★	120
61	行政罰──①	★★	122
62	行政罰──②	★★	124
63	行政罰──③	★★	126
64	行政上の秩序罰──①	★★	128

| 65 | 行政上の秩序罰——② | ★★ | 130 |

行 政 救 済

66	損失補償	★★★	132
67	損害賠償	★★	134
68	国家賠償と責任の負担者(代位責任)	★	136
69	公の営造物の設置又は管理の瑕疵に基づく責任	★★★	138
70	国家賠償法に定める賠償責任——①	★★★	140
71	国家賠償法に定める賠償責任——②	★★	142
72	国家賠償法に定める賠償責任——③	★★★	144
73	国家賠償法に定める賠償責任——④	★★	146
74	不服申立て——①平成26年改正法	★★★	148
75	不服申立て——②平成26年改正法	★★	150
76	不服申立て——③要件	★★★	152
77	審査請求——①要件・手続	★★★	154
78	審査請求——②対象と範囲	★★★	156
79	審査請求——③再調査の請求等	★★	158
80	教　示	★★★	160
81	行政不服審査(法)における執行停止	★★	162
82	裁　決	★★★	164
83	裁決の効力	★★★	166
84	個別法による特例的不服申立て手続	★★★	168
85	自治体の行政不服審査制度	★★★	170
86	審査請求先・再審査請求先	★★★	172
87	審査請求と取消訴訟の関係	★	174

88	その他の行政上の救済制度 ★★	176
89	行政審判の類型 ★	178
90	不服申立前置主義 ★★	180
91	不服申立てと行政事件訴訟との違い ★★★	182

行 政 争 訟

92	取消訴訟における訴えの利益 ★★	184
93	執行不停止の原則 ★★	186
94	取消訴訟における執行停止 ★★	188
95	行政処分の取消しの訴え ★	190
96	自由選択主義 ★★	192
97	民衆訴訟と機関訴訟 ★	194
98	内閣総理大臣の異議 ★	196
99	抗告訴訟──① ★★★	198
100	抗告訴訟──② ★	200
101	抗告訴訟──③ ★★★	202

凡　例

◆本書の法令内容は，原則として，平成28年4月1日現在である。また，正解チェック欄の引用法令名は，次のように略称名を使用した。

　　　　　　　　　　　略　称　名

日本国憲法　　　→　憲法

地方自治法　　　→　自治法

行政事件訴訟法　→　行訴法

行政不服審査法　→　行服法

行政手続法　　　→　行手法

風俗営業等の規制及び業務の適正化等に関する法律　→　風俗営業法

公職選挙法　　　→　公選法

地方公務員法　　→　地公法

国家公務員法　　→　国公法

私的独占の禁止及び公正取引の確保に関する法律　→　独禁法

医薬品，医療機器等の品質，有効性及び安全性の確保等に関する法律　→　医薬品等に関する法律

感染症の予防及び感染症の患者に対する医療に関する法律　→　感染症法

道路交通法　　　→　道交法

成田国際空港の安全確保に関する緊急措置法　→　成田新法

頻出ランク付・昇任試験シリーズ4

行政法 101 問

Q 1 行政法規の特質

★

行政法規の特質に関する記述として正しいのは,次のどれか。

1 行政法規は,裁判規範としての性質を有するものであり,行為規範性及び裁判規範性を有する私法とは区別される。
2 行政法規は,法律生活の安定を図る見地から成文法によることを要し,慣習法の成立する余地はない。
3 行政法規は,公益の目的を実現する見地から行政権の自由裁量を認めており,強行法の性質は有しない。
4 行政法規は,画一平等かつ迅速な処理を意図するものであり,規律対象の実質的・内面的な関係よりも形式的・外観的な関係を重視する。
5 行政法規は,公共の利益を実現することを目的としており,技術的・手段的な性質を持つことは認められない。

| 正解チェック欄 | 1回目 | 2回目 | 3回目 | A |

私法（法規／自由，対等の私人（当事者）間の法律関係を規制する法で公法に対する語。民法・商法がその典型）は，原則として**裁判規範**（裁判の準則である法規範）である。例えば，OがPに対してOP間の売買契約を解除して物の返還を求めたとする。しかし，Pがこれに応じなければ，訴訟を起こさざるを得なくなる。この訴訟では契約の解除権の有無が争点となり，私法（法規）は裁判規範として働く。これに対し，行政法規は，**行為規範**（社会生活において一般に行わなければならないものとされている規範）である。即ち，行政法規は，行政主体，行政客体，行政機関に対して，一定の作為・不作為を命じている（道交法による交通秩序の維持など）。

行政の分野においては，行為より前に法がある。行政主体，行政機関は原則として，実定法規の規定があって初めて行為をすることができる（**法律による行政の原理**）。このことから行政法規は，裁判規範としての性質をも持つ。

1 誤り。**行政法規**は，裁判規範の性質を持つとともに，行政活動のよるべき基準，即ち行為規範の性質を持つ。これに対し私法は裁判規範性は有するが，原則として行為規範性は有しない。

2 誤り。行政法は主として成文法よりなるが，**判例法**あるいは行政先例法のように，行政法の領域においても**慣習法**の成立する余地はある（水利権などの地域的慣習や法令公布方式などの行政慣例など）。

3 誤り。行政法は，原則として，行政権及びその相手方たる当事者を拘束する強行法の性質を有する。

4 正しい。行政法は，通常，多数の国民を相手方とし，画一平等に規律しようとするものであるから，規律対象の実質的・内面的な関係よりも，形式的・外観的な関係を重視せざるを得ない。

5 誤り。行政法は，国家公共の利益（公益）を実現することを目的とし，この目的に仕える技術的・手段的性質を有する。

正解　4

Q2 行政法の法源

★★

行政法の法源に関する記述として最も妥当なのは，次のどれか。

1 行政法は成文法主義をとっているが，このことは不文法，特に慣習法の成立を否定する意味ではなく，行政法の分野でも慣習法は成立し得る。

2 一般社会の正義感情に基づいてかくあるべきものと認められるものを条理というが，この条理は私法の分野で法源とされることはあっても，行政法の分野では条理が支配する余地はない。

3 上級行政庁が下級行政庁に対してなす通達・訓令は，それ自体，法規としての性質を持つので，行政法の法源となることについて異論はない。

4 明治憲法の下で，府県知事が制定した府県令は，日本国憲法の施行と同時に自動的に府県の条例となったので，行政法の法源とされている。

5 行政官庁が，法律若しくは政令の委任に基づき，又は法律若しくは政令を実施するために制定する命令は行政法の法源となり得るが，人事院規則や会計検査院規則などの規則は行政法の法源とはなり得ない。

| 正解チェック欄 | 1回目 | 2回目 | 3回目 | |

1 正しい。行政法の規律の対象は複雑多岐であって，未だ**成文法**の整備がされていない領域も少なくない。こうした領域においては慣習法，判例法，行政先例，条理法のような**不文法**が行われることになる。このうち慣習法（法的確信を得られた慣習）には，地方的・民衆的慣習法と一般行政慣習法などがある。**民衆的慣習法**は，主として公物・公水の使用関係（河川の使用や原野の利用）等が，一般民衆の間に多年の慣習によって成立した使用権は法令の明文によって認められたものではないが，法的規範として認められるに至ったものをいう（自治法238条の6第1項，河川法87条）。**一般行政慣習法**は，法律の公布について，現在は何らの法的根拠はなく，官報登載の方法による法令の公布など（最判昭32.12.28），行政庁における長年にわたる慣行が一般国民の間で法的確信を得るに至ったものをいう。

2 誤り。成文法そのものに矛盾や欠陥の多い行政法の分野では，むしろ**条理法**（権利濫用の禁止，信義誠実の原則，平等原則，比例原則，利益衡量の原則などの法の一般原則）の支配する余地が大きい。

3 誤り。通達・訓令は，それ自体当然に法規としての性質を持つものではない。ただその中に，例えば，課税の対象を具体的に明示することがあるなど，実質的に法規の補充として法規たる意味を持つものがあるに過ぎない。

4 誤り。府県令で委任命令又は執行命令の性質を有し，日本国憲法（7条1号，73条6号，74条）の下においてもその効力を存続し得るべきものは，府県規則と同一の効力を有するものとされた。

5 誤り。独立機関の規則は，会計検査院や人事院という独立機関が，それぞれその権限に属する事項について発する命令（会計検査院法38条，国公法16条1項）で，人事院規則，会計検査院規則がこれに当たり，行政法の法源とも言える。

正解 1

Q3 行政(官)庁

★

「行政主体の意思又は判断を決定し,これを外部に表示する権限をもつ行政機関」を行政法学上「行政(官)庁」というが,行政(官)庁に関する記述として正しいのは,次のどれか。

1 行政(官)庁はその性質上独任制の機関のみをいい,内閣や行政委員会のような合議制の機関は行政(官)庁とはいわない。

2 行政(官)庁は自己の名と責任においてその権限を行使する機関であるから,その権限を他の者に代理行使させることはできるが委任することはできない。

3 行政(官)庁は独立に権限を行使するものであるから,上級官庁が下級官庁を指揮命令する場合はもっぱら職務執行命令訴訟手続によることとされている。

4 行政(官)庁の行った行為の法効果は直接行政主体に帰属するから,行政主体が存続する限り行政官庁の廃止・変更によってその法効果は影響されない。

5 国家行政組織法は,各大臣又は各庁の長官を行政(官)庁として見ており,その補助機関をもあわせた各省又は各庁それぞれの全体を1つの行政(官)庁とする考え方をとっていない。

正解チェック欄　1回目　2回目　3回目　A

　行政主体の意思を決定しそれを表示する権限を持つ機関のことを，とくに**行政(官)庁**という。行政(官)庁の概念は，行政上の法律関係において行政の権限と責任の所在を明確にする点でその有用性が認められている。

　各種の行政処分をなす権限を有する各省大臣，都道府県知事，市町村長及び税務行政において，更正・決定の権限を有する税務署長などは，いずれも行政(官)庁である。建築主事や市町村長もそれぞれ建築確認・除却命令の行政(官)庁となる。

1　誤り。行政(官)庁は原則として独任型をとるが，内閣，行政委員会，会計検査院のように**合議制**の行政機関もある。
2　誤り。行政(官)庁の権限は，行政(官)庁自らこれを行使するのが原則であるが，他の者がこれを代理して行使することもあるし(国家行政組織法17条3項，4項)，法の明示の根拠がある場合には権限を委任することも可能である（国会法55の2第2項）。
3　誤り。上級官庁は下級官庁を，指揮権，許認可権等によって一般的に指揮命令することができる。
4　正しい。行政(官)庁が命令を発し又は処分する場合には，その命令又は処分は，行政主体の命令又は処分としての効力を持つ。したがって，命令又は処分は，行政(官)庁の廃止・変更による影響を受けない。
5　誤り。国家行政組織法上は，**補助機関**（行政(官)庁の権限行使を補助する行政機関で，国でいえば，事務次官，局長，部課長，係長，事務官といった職名が付けられた行政機関である。地方自治法は，地方公共団体の長の補助機関として，副知事，副市町村長，会計管理者，職員，専門委員等を定めている）をあわせ全体を1つの行政(官)庁としている（自治法153条，161条〜175条）。

正解　4

Q4 権限の委任

★

法が行政庁に与えた権限はその行政庁自身が行使するのが当然であるが，一定の場合にはその権限を他の機関に移す，いわゆる「権限の委任」が認められていることがある。これについての説明で最も妥当と考えられるのは次のどれか。

1 委任は同一行政組織内部でのみ可能だから，結果的に委任の相手方は行政庁自身の補助機関に限られる。
2 委任によって行政組織の権限配分が変わることになるから，委任については法に明文の根拠が必要である。
3 委任は事務処理に関する意思決定を受任者に委ねるにとどまり，対外的には委任庁の名で表示される。
4 委任によって受任庁の職務がその分だけ増加することになるから，委任するには受任庁の同意が必要である。
5 委任は委任庁と受任庁の間の権限配分に関するものだから，委任に当たってはこれを一般に公示する必要はない。

| 正解チェック欄 | 1回目 | 2回目 | 3回目 | **A** |

1 誤り。**権限の委任**は同一行政組織内部にとどまらない。例えば、自動車の登録の権限は、もともと国土交通大臣の権限であるが、道路運送車両法は、政令で定めるところにより、地方運輸局長又は運輸監理部長又は運輸支局長に委任することを授権している(道路運送車両法105条)。また、地方税法上で地方団体の長の権限とされている賦課決定(税額)とその徴収の権限を税務事務所長に委任するなどとなっている(東京都の場合、自治法156条→東京都税事務所設置条例→東京都税条例4条の3(都知事の権限を都税事務所長等へ委任))。更に、知事と市町村(長)間で見ると、自治体間の関係として、条例の定めにより都道府県知事の権限に属する事務を市町村が処理できる制度が設けられた(自治法252条の17の2、条例による事務処理の特例制度に基づく事務)。

2 正しい。**権限の委任**とは、行政庁がその権限の一部を他の行政機関に委譲して、その行政機関の権限として行わせることをいう。権限の委任があったときは、委任行政庁はその権限を失い、受任した行政機関がその権限を自己の権限として、自己の名と責任において行使する。したがって、行政争訟の関係においても受任者が処分庁となる。

権限の委任は、法律上の権限の配分に変更を加えるものであるから、法の明示の根拠と公示を必要とする。即ち、どのような場合に、どのような事項に関して、誰に委任すべきかは、法の定めるところによる(自治法153条)。

3 誤り。事務処理に関する内部的な意思決定を委ねるのみで、外部への表示を委ねないのは委任ではない。

4 誤り。受任庁の同意は、委任の成立要件ではない。

5 誤り。委任は、法律上の権限の配分を変えるものであるから、**国民に周知**する必要がある。

正解　2

Q5 私人の公法行為

★

空欄A～Eにあてはまる語句の組合せとして妥当なのは，次のどれか。

「私人の公法行為とは，私人が公法関係においてする行為で，通常，公法的効果を生ずる行為をいい，私人が国又は地方公共団体の機関としての地位においてする行為と，行政権の相手方として国又は地方公共団体に対してする行為に分けられる。 A は前者の例であり， B は後者の例である。

私人の公法行為については， C 及び D を必要とするが，一般に C を欠く者の行為は E である。」

	A	B	C	D	E
1	直接請求	申告納税	意思能力	行為能力	無効
2	直接請求	申告納税	行為能力	権利能力	無効
3	申告納税	直接請求	意思能力	行為能力	撤回が可能
4	不服申立て	直接請求	行為能力	権利能力	取消が可能
5	不服申立て	申告納税	意思能力	行為能力	取消が可能

| 正解チェック欄 | 1回目 | 2回目 | 3回目 | **A** |

私人の公法行為とは，公法関係において私人のする行為である。**公の選挙における投票や直接請求**などのように国又は地方公共団体の機関としての地位においてする行為と，**各種の届出や許認可の申請**のように，行政庁に対して何らかの行為を求め（行為申請），又は**納税申告や不服申立て，訴訟の提起等**のように行政権の相手方として国又は地方公共団体に対してなす行為（それ自体で独自に法的意義を有する行為（単独行為））とに分かれる。特に，近年許認可などの規制行政や生活保護給付・補助金交付決定などの保護助成行政が増大し，かつ，行政に対する国民の参加，協力が要請されるに従い，願い，申請，申告，届けなどの行政庁に対する私人の行為の重要性が高まってきている。

適用法理については，私人の公法行為は，行政の組織ないし作用の過程においても，私人の自発的意思を尊重するという趣旨で認められている。したがって，意思能力・行為能力及び代理に関する要件や，瑕疵の効果については，原則として，法律行為に関する民法の規定が適用される。

なお，一般の私法上の行為と比較して，**私人の公法行為**には次のような特徴がある。

① 私人の公法行為も私法上の行為と同様に意思能力や行為能力を必要とする点では同じであるが，一身専属的な行為（例：公の選挙における投票や公務員になるための受験など）が多く，他人が代わって行えず，代理になじまないものがある。

② 私人の公法行為は，一般的に要式行為と決まってはいないが，一定の要件を満たさなければならないもの（例：国税通則法2条6号（納税申告書），不服申立てについての行政不服審査法2条（処分についての審査請求）及び3条（不作為についての審査請求）など）が多く見られる。

正解 1

Q6 行政法上の私人の権利 ★★

行政法上の私人の権利に関し，最高裁判所が反射的利益でなく法的利益であると認めたのは，次のどれか。

1 公衆浴場法の距離制限に基づく許可制によって，既存浴場業者が受ける営業上の利益又は不利益
2 道路や公園などの公共施設の設置又は廃止によって，沿道住民や利用者が受ける利益又は不利益
3 住居表示に関する法律に基づいてなされた町名変更によって，住民が受ける利益又は不利益
4 一般乗合旅客自動車運送事業免許によって，定期バスが運行することになる結果，路線付近の居住者が受ける利益又は不利益
5 公正取引委員会の不当景品類及び不当表示防止法に基づく公正競争規約の認定によって，一般消費者が受ける利益又は不利益

正解チェック欄　1回目　2回目　3回目　A

1 正しい。有名な判決（最判昭37.1.19，公衆浴場経営者の地位）で，公衆浴場法2条の距離制限の規定は，公共の福祉のため既存業者を濫立による経営の不合理化から守ろうとする意図を有するものであって，その営業上の利益は法的利益であると判示している。

これに対して，2～5は，いずれも反射的利益に過ぎないと判示されている。なお，**反射的利益**とは，ある法律が公の利益の実現を目的として，一般にある行為を命令し，また制限している結果，その反射としてある者が事実上利益を受けることをいう。**反射的利益は公権と異なり，裁判所による救済を求めることができない。**

2 誤り。公物（例：市(区)役所や保健所，国公立病院の建物，道路や公園など）の一般使用の性質を反射的利益として構成するものとしている（東京高判昭36.3.15）。

3 誤り。町名変更決定を争う訴訟で，最高裁判所は，「町名につき住民が有する利益・不利益は事実上のものにすぎない」と判示している（最判昭48.1.19）。

4 誤り。これについては，裁判所の直接の判断はなされていない。したがって題意から4はすでに誤りとなる。ちなみに，地方鉄道の停車場を利用することによって得ていた地元住民の利益について，東京地方裁判所(昭46.4.27)は，「線路…(中略)…の変更の認可について利害関係人の手続参加の規定を欠く場合には，単なる事実上ないしは反射的なものにすぎない」としている。

5 誤り。いわゆる「**主婦連ジュース不当表示事件判決**」で，最高裁判所は「不当景品類及び不当表示防止法31条の規定により，**一般の消費者が受ける利益は，公益の保護の結果として生ずる反射的利益にすぎない**」と判示している（昭53.3.14）。

正解　1

Q7 公物の利用関係

★

次は，公物の利用関係についての学説，判例等を列挙したものである。このうち「公共用物をその用法に従って自由に使用できるのは，公物主体がそれを公物として維持管理していることの反射的効果である。」という考え方がその根拠となっているのはどれか。

1 道路の管理瑕疵によって損害を受けたときは，その過失の有無を問わず，道路の管理者に損害の賠償を請求することができる。
2 ガス管を埋設するため道路の占用許可を受けた者は，その許可を取り消されたときは，その取消しを争う訴訟において原告適格を有する。
3 第三者によって道路通行の自由を妨げられたときは，この第三者に対して通行妨害の排除を請求することができる。
4 道路の公用廃止があった場合，個々の住民は道路通行権の侵害を理由に道路の維持継続を主張することはできない。
5 道路の一部を所有の意思をもって平穏公然に占有していても，道路の公用廃止がない限り，時効取得を主張することはできない。

| 正解チェック欄 | 1回目 | 2回目 | 3回目 | A |

反射的利益（効果）とは，法規等の実施により行政庁と私人との関係について命令，制限，禁止等の定めをしている場合，その反射として第三者が事実上，間接的に受ける利益である。例えば，質屋営業の許可制により既存業者が利益を受けること，また医師法に医師の診療義務が定められている結果，患者が診療を拒まれないという利益を受けることなどがこれである。**反射権**などと呼ばれることがある。その利益の享受を妨げられても，その者を相手に損害賠償を求めて救済手段に訴え，その利益の実現を図ることは認められていない。

1 誤り。国家賠償法2条（公の営造物の設置管理の瑕疵に基づく被害賠償責任，求償権）に基づく被害者の権利である。

2 誤り。占用許可は，特定人のために特別の使用をなし得るべき権利を設定したものである。なお，例えば，道路の占用は，一定の「工作物，物件又は施設を設け，継続して道路を使用すること」と定義されている（道路法32条2項）。

3 誤り。一般的な私法上の権利であり，反射的利益ではない。**公物の自由使用**によって受ける利益は，原則的には，公物がその供用開始により，一般公共の用に供された結果に過ぎないので，「反射的利益」としてこれを享受し得るにとどまり，厳密な意味での権利ではないとされてきた。しかし，第三者による使用利益の侵害について「反射的利益」にとどまるから救済されないとするのでは，不合理な結果が生じるので，一般使用は権利か反射的利益かが争われ，判例（最判昭39.1.16，通行自由権に対する民法上の保護について，道路の一般（自由）使用）は，特定の場合には権利となることを認めた。

4 正しい。**住民の道路通行権**は厳密な意味での権利ではなく，一種の反射的利益とされている。

5 誤り。公物が取得時効の対象にならないという公物の法律的特色を説明したものであり，反射的利益ではない。

正解　4

Q 8 受益者負担

★★

人的公用負担のうち，受益者負担に関する記述として妥当なのは，次のどれか。

1 受益者負担は，当該事業を必要ならしめる原因をなした者に対して課せられる負担であり，負担金を課する権利を有する者は，国又は地方公共団体に限られている。

2 受益者負担は，その性質上，必ずしも法律の根拠に基づくことを要しないので，当該事業によって特別の利益を受ける者に対しては，条例又は規則により負担を課すことができる。

3 受益者負担は，特定の公益事業の需要を満たすために必要な労役又は物品の給付等をすべき公法上の義務であり，その性質上，義務違反者に対しては行政上の強制執行が許されない。

4 受益者負担としての負担金は，特定の事業により特別の利益を受ける者に対し，当該事業に要する経費の一部を，その受ける特別の利益を限度として課すことができる。

5 受益者負担としての負担金は，使用料・手数料と同様，公企業の利用者又は公物使用者に対する反対給付として課される公法上の金銭給付義務であり，使用料や手数料と併せて課すことは許されない。

正解チェック欄　1回目　2回目　3回目　A

　公用負担とは，特定の公益事業の目的に供するために強制的に住民に課せられる経済的負担をいう。公用負担は，その内容から見て，特定の人が特定の公益事業のために必要な作為・不作為又は給付の義務を負担する**人的公用負担**と，特定の財産権が公益事業のために必要であるため，その財産権に着目して課せられる**物的公用負担**に分けられる。前者には，負担金，分担金，夫役現品（労役の提供又は物品の給付）等があり，後者には公用制限，公用収用，公用使用，公用換地等がある。

　つまり公用負担の概念は，①公益上必要な特定の事業又は物のために課せられる負担，②特定私人に対し課せられる負担，③公法上の負担，④経済的な負担であることである。

1　誤り。**受益者負担**は，特定の事業により特別の利益を受ける者に対して課せられる。また，広く公用負担を課する権限は，国が自らこれを行使することなく，公共団体又は私の公益事業に付与できる。
2　誤り。**公用負担**は，その性質上法律の根拠に基づくことを要する（文化財保護法43条，44条）。
3　誤り。これは，人的公用負担のうちの**夫役現品**についての説明である。
4　正しい。上述した通り，受益者負担は，公共事業によって，特別の利益を受ける者に対して，その事業の経費に充てるために課すものである。例として，都市計画事業受益者負担金（都市計画法75条），道路受益者負担金（道路法61条），分担金（自治法224条），開発指導要綱に基づく開発負担金などがある。
5　誤り。**負担金**は，特定の公益事業に特別の利害関係を有する者に，その事業に要する経費の全部又は一部を強制的に負担させるものであって，反対給付ではない。また，使用料・手数料との併課は禁じられていない。

正解　4

Q9 行政行為の公定力──①

★★★

行政法の研修会の席で，行政法学上の公定力について，ある自治体の職員A～Eが次のように発言した。職員A～Eのうち，妥当な内容の発言をしている者は誰か。

A 「行政庁の行う行為であれば，行政指導を含むすべての行為について，重大かつ明白な瑕疵がない限り，権限ある行政庁によってその行為が取り消されるまでは，その相手方は一応これを有効な行為として尊重しなければならない。これは，行政指導を含むすべての行為に公定力があるからなんだ。」

B 「違法な行政行為であっても，裁判所への出訴期間の経過後は，もはや行政行為の違法を主張して争うことができなくなる。行政行為の持つこの効力を，公定力というんだ。」

C 「行政行為によって命じられた義務をその相手方が履行しない場合に，行政庁が，行政行為自体を債務名義として，自らその義務の内容を実現できるというのが，公定力なんだ。」

D 「違法な行政行為によって権利利益を侵害された者が，その侵害を排除するには，その行政行為が無効でない限り，行政行為の取消しを求める手続をとらなければならない。これは，行政行為に公定力があるからなんだ。」

E 「審査請求に対する裁決は，裁決庁自らもこれを変更することができない。これは，紛争裁断行為としての行政行為には公定力が認められているからなんだ。」

1 A 2 B 3 C 4 D 5 E

正解チェック欄 　1回目　2回目　3回目　

1 誤り。**行政指導**とは、行政機関が国民や他の行政機関に権力的手段を用いずに働きかけ、相手方の任意の協力を得て、行政目的の達成を図る事実行為である。指導・勧告・助言・警告・指示などといわれるものの総称である。したがって、行政行為に含まれず、公定力（行政行為は、仮に違法であっても、裁判所や行政庁などの有権的機関によって取り消されるまでは有効である）が生じる余地はないので、Aの発言は誤っている。

2 誤り。行政行為の持つ効力のうち**不可争力**（審査請求期間（行服法18条）又は出訴期間（行訴法14条）が経過した後は、無効の場合を除き、その行政行為の効力を争うことができなくなる）についての説明であり、形式的確定力ともいう。公定力の説明ではないので、Bの発言は誤っている。

3 誤り。行政行為の持つ効力のうち**自力執行力**（行政行為により命ぜられた義務が履行されない場合には、行政庁は、法律に基づき、自力で行為の内容を執行することができる）についての説明であり、公定力の説明ではないので、Cの発言は誤っている。

4 正しい。行政行為には**公定力**があるから、違法な行政行為であっても、それによる侵害を排除するには、その行政行為が無効でない限り、行政行為の取消しを求める手続きをとらなければならない。例えば、建物除却命令が違法であっても、その建物除却命令を争訟によって取り消されるか、職権で取り消されない限り、建物の取壊しの義務が有効に存続し、やがて代執行手続に入り、そのまま取り壊されてしまうことがあり得る。これが公定力の作用である。よって、Dの発言は正しい。

5 誤り。行政行為の持つ効力のうち**不可変更力**（不服申立期間・出訴期間を経過した後は、もはやその効力を争うことができなくなる（不可争力）など）についての説明であり、公定力の説明ではないので、Eの発言は誤っている。

正解　4

Q10 行政行為の公定力──②

★★★

行政行為の公定力に関する記述として正しいのは，次のどれか。

1 公定力とは，行政行為が違法又は当然無効であっても，正当な権限を有する機関による取消し又は無効の確認があるまでは，相手方に対し拘束力のあることの承認を強要する力である。

2 行政行為は公定力を有するが，違法な行政行為によって損害を受けた者は，あらかじめ当該行政行為が取り消されていなくとも，国家賠償法による損害賠償の請求をすることができる。

3 公定力が認められる行政庁の行為は，いわゆる私法上の行為を含まず，行政行為に限られており，行政庁が行政行為の内容を内部的に意思決定した段階で公定力が生じる。

4 公定力という語は，一般に，争訟の法定期間が経過することによって，行政行為の相手方からは，もはや，当該行政行為の効力を争い得ない効力を生ずるという意味において用いられる。

5 行政行為は公定力を有するから，正当な権限を有する機関による取消しのあるまでは，たとえ取消訴訟の提起があっても，裁判所は執行停止処分を一切行うことができない。

正解チェック欄 1回目 ☐ 2回目 ☐ 3回目 ☐   **A**

1 誤り。**行政行為に重大かつ明白な瑕疵があり，当然無効とされる場合**には，無効の確認の有無にかかわらず，相手方はこれに拘束されない。

2 正しい。原因たる行政行為の違法を理由として損害賠償請求することについては，あらかじめ，当該行為の取消しを得ている必要はない。

3 誤り。行政庁が内部的に意思決定したのみで，外部に表示していない段階では，未だ行政行為としては不存在であり，**公定力**を生じない。

4 誤り。相手方が行政行為の効力をもはや争えない効力を，**不可争力**（又は**形式的確定力**）という。一定期間が経過することにより，行政行為に瑕疵があっても，国民の側から行政行為の効力を争うことができなくなる力である。なお，国民に被害が生じていれば，国家賠償請求はできる。

5 誤り。執行停止をなし得る場合がある（行訴法25条〜29条参照※）。**執行停止**とは，行政処分の効力・執行又は手続の続行を停止することをいう。行政処分は，その処分に対して争訟が提起されても執行を停止しないのが原則（**執行不停止の原則**）である。

　裁判所は，処分取消訴訟の提起があった場合に，「処分，処分の執行又は手続の続行により生ずる重大な損害を避けるため緊急の必要があるとき」は執行停止をすることができる（行訴法25条2項）。なお，執行停止には，①処分の執行停止，②処分の効力そのものの停止，③手続の続行の停止の3つがある。②は，①と③によっては目的を達成できない場合に限られている。

※**行政事件訴訟法25条（執行停止）**，26条（事情変更による執行停止の取消し），27条（内閣総理大臣の異議），28条（執行停止等の管轄裁判所），29条（執行停止に関する規定の準用）

正解　2

Q11 行政行為の効力

★★

行政行為の効力に関する記述として妥当なのは、次のどれか。

1 行政行為は、不可争力を有するため、その行政行為に瑕疵があっても出訴期間が経過すれば、行政行為の相手方はその効力を争えなくなり、また国民に被害が生じた場合でも国家賠償請求は認められない。

2 行政行為は、公定力を有するため、その行政行為に重大かつ明白な瑕疵があっても、それが取り消されるまでは適法の推定を受け、その効力の承認を相手方に強要できる。

3 行政行為は、不可変更力を有するため、違法な行政行為により損害を受けた者は、その取消しを得たうえでなければ、その違法を主張して国家賠償請求訴訟を提起することはできない。

4 行政庁は、審査請求の裁決や再調査の請求の決定のような争訟裁断行為を行った場合には、職権で自らこれを取り消して、別の裁決や決定を行うことは、係争の法律関係を不安定にすることから許されない。

5 行政庁は、行政行為を取り消した場合には、行政行為の一事不再理の原則により、その後事情の変更があっても、改めて取り消された行為と同じ行為をすることは許されない。

| 正解チェック欄 | 1回目 | 2回目 | 3回目 | A |

有効に成立した行政行為には，**①拘束力**，**②公定力**，**③不可争力**，**④不可変更力**及び**⑤執行力**が認められる。

1 誤り。行政行為に関しては，法定期間に限って不服申立てや訴訟の提起が認められ，一定期間の経過後は，相手方からその効力を争うことができない（**不可争力**）。賠償請求は別の問題である。

2 誤り。行政行為は，当然無効の行政行為の場合は別として，正当な権限を有する機関による取消しがあるまでは，一応，適法の推定を受け，相手方はもちろん，第三者も他の国家機関もその効力を承認しなければならない。このことを**公定力**という。

　無効の行政行為とは，行為に内在する瑕疵が，重大な法規違反で，かつ瑕疵の存在が外観上明白であるものであり，正当な権限のある行政庁又は裁判所の判断を待つまでもなく，無効である。

3 誤り。行政行為のうち，利益を設定する行為，利害関係者の参与によってなされる確認的性質を持った行為（労働委員会の裁定など），争訟や行政聴聞の決定として行われた行為など，行政機関が，自らその行政処分を変更することができなくなる効力を**不可変更力**という。すべての行政行為が不可変更力を持つわけではなく，また行政行為が取り消されなくても，賠償請求はできる。

4 正しい。争訟の手続を経て行われた行政行為は，不可変更力を生じ，取消し・変更ができない。もっとも，すべての行政行為に，不可変更力が認められるわけではない。行政行為の中で**審査請求の裁決**や**再調査の請求に対する決定**のように，**紛争裁断作用**として行われるものについてのみ例外的に認められる。

5 誤り。適法に成立した行政行為が，その後になって，新たな事情が発生したために，将来に向かってその行為の効力を失わせる**行政行為の「撤回」**と同様に，**取り消した行政行為**であっても，新たな事情の変更により，また同じ行政行為を行うことはできる。

正解　4

Q 12 行政裁量——①便宜裁量

★★★

裁量行為に関する記述として妥当なのは，次のどれか。

1 法規裁量は，行政行為について，何が法であるかの判断を行政庁に委ねることであり，法規裁量を誤ってもその行政行為は違法にはならない。
2 法規裁量は，国民に権利や利益を付与する行政行為についての裁量であり，裁量権の限界を超えても違法にはならない。
3 便宜裁量は，裁量権の行使について，行政庁の自由な判断を許さないものであり，便宜裁量を誤る行政行為は違法となる。
4 便宜裁量は，行政行為について，何が行政目的に合致する公益かの判断を行政庁に委ねることであり，裁量権の限界を超えれば違法となる。
5 便宜裁量は，国民の権利や自由を制限する行政行為についての裁量であり，便宜裁量を誤る行政行為は違法となる。

| 正解チェック欄 | 1回目 | 2回目 | 3回目 | A |

```
行政行為 ─┬─ 羈束(きそく)行為
          │        ※1
          └─ 裁量行為 ─┬─ 法規(羈束)裁量 ─── 司法審査の対象
                ※2    │
                      └─ 自由(便宜)裁量 ─── (原則)司法審査の対象外
                                              (例外)行政事件訴訟法30条
```
（裁量処分の取消し：裁量権の踰越(ゆえつ)・濫用の場合対象となる）

※1 医師免許を持つ者が成年被後見人となった場合，厚生労働大臣は，免許取消し処分にする（医師法7条1項）。成年被後見人とは，家庭裁判所により後見開始の審判を受けた者なので（民法7条，8条，838条2号），厚生労働大臣は審判の結果に従い，機械的に免許取消しを決定する。

※2 法律の規定が不明確なため，多かれ少なかれ行政庁の裁量に基づいて行われる行政行為。行政庁に判断の幅（判断の余地）＝裁量権を与えていると考えられるもの

1 誤り。**法規（羈束）裁量**は，何が法なるかの裁量であり，その裁量を誤る行為は，違法行為となる。

2 誤り。法規（羈束）裁量は，国民の権利又は自由を剥奪する行政行為であり，裁量権の限界を超えれば，当然に違法行為となる。

3 誤り。**便宜（自由）裁量**は，行政庁に対し，行政行為をなすかどうか，いつどういう行政行為をなすか等について，自由な裁量の余地を認めており，その裁量を誤る行為は，単に不当行為にすぎず，違法とはならない。

4 正しい。便宜（自由）裁量は，何が行政の目的に合致し公益に適するかの裁量を行政庁に委ねることである。しかし決して行政庁の恣意(しい)独断を認める趣旨ではない。その裁量権を超える場合（踰越という）には，単なる不当行為にとどまらず，違法となる（行訴法30条，裁量処分の取消し）。

5 誤り。便宜（自由）裁量は，国民の権利又は利益を付与する行為である。その裁量を誤る行為は，単なる不当行為に過ぎず，違法とはならない。

正解　4

Q 13 行政裁量──②覊束裁量と便宜裁量の区別

★★

行政行為を

- 覊束行為
- 裁量行為 ─ 覊束裁量（法規裁量）
  - 便宜裁量（自由裁量）

に分けた場合に，次の記述のうち正しいのは，どれか。

1 覊束行為と裁量行為との相違は，その行政行為が相手方に対して公定力を有するか否かという点にある。

2 行政庁が覊束裁量を誤る行為は一般的には違法行為とはいえないが，その裁量権を濫用し，又は裁量権の限界を超えた場合は違法行為となる。

3 覊束裁量とは何が法であるかという判断であり，その裁量を誤る行為は行政訴訟の対象とはならないが，行政上の不服申立ての対象となる。

4 覊束裁量と便宜裁量とを区別する実益は，司法審査の限界を具体的に明確にすることにある。

5 行政庁が便宜裁量を誤る行為は，単に不当行為にとどまるから，行政上の不服申立ての対象とはならない。

| 正解チェック欄 | 1回目 | 2回目 | 3回目 | A |

1 誤り。**羈束行為**は，法規の定めるところにより具体的に執行するにとどまる。裁量行為は法規の執行に当たり一定の範囲内での裁量を認められる。

2 誤り。**羈束裁量（法規裁量）** は一見行政庁の裁量を許容するように見えるが，その裁量を誤ることは結局法規の解釈を誤ることに帰着し，違法の問題を生じる。

3 誤り。羈束裁量行為は何が法であるかという判断であり，その意味では法に拘束された行為である。したがって，その裁量の当否は，法律問題として裁判所の審理の対象となる。

4 正しい。**羈束裁量（法規裁量）** と**便宜裁量（自由裁量）** を区別する実益は，裁判所の司法判断との関係で違いがあるからである。羈束裁量行為には，法規によって制約された裁量権があるわけであるから，その趣旨を誤った裁量権の行使により行政行為をすると，その行政行為は法規に違反した違法なものとなる。

　しかし，便宜（自由）裁量行為の場合には，法律が行政庁の自由な判断を認めているのであるから，仮にその裁量に誤りがあったとしても，それは法の認めた範囲内のことであって法律違反とはならない。つまり，当・不当の問題は生じたとしても，違法の問題は生じないので，裁判所の判断は及ばない。

　したがって，国民の立場から見れば，羈束裁量行為について不服があれば裁判所に訴えて取り消してもらうことができる。しかし，**便宜（自由）裁量行為**については，その裁量権の行使が濫用（踰越，権限の範囲を超えること）にならない限り司法上の救済を受けることができないことになる（行訴法30条）。最近では，羈束裁量も便宜裁量も結局は相対的な区別に過ぎないとし，裁量濫用論（踰越を含む）が重視されてきている。

5 誤り。**便宜（自由）裁量を誤る行為（不当な処分）** は，訴訟の対象にはならないが，法律に別段の定めのない限り行政上の不服申立ての対象にはなる（行服法1条1項）。

正解　4

Q 14 法律行為的行政行為——①

★★★

法律行為的行政行為は，命令的行為と形成的行為とに分けられるが，次のA～Eのうち，形成的行為に該当するものの組合せとして妥当なのはどれか。

A 免除　B 認可　C 許可　D 特許　E 禁止

1　A，B
2　A，C
3　B，D
4　C，E
5　D，E

行政行為の分類 (比較的多く見られる似通ったもののグループ化)

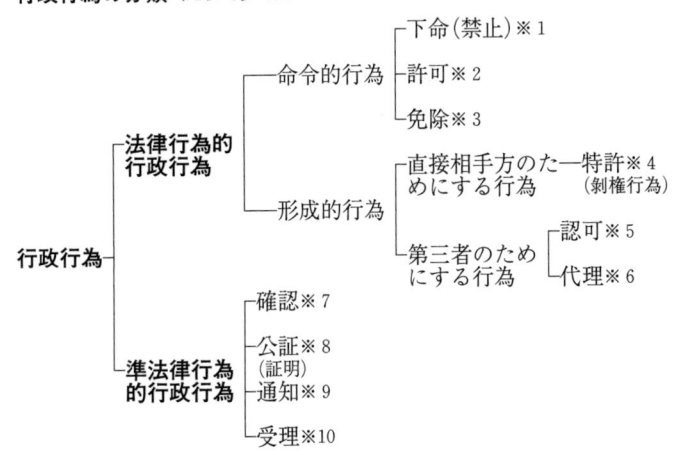

```
                            ┌─ 下命(禁止)※1
                ┌─ 命令的行為 ─┼─ 許可※2
                │            └─ 免除※3
    法律行為的    │
    行政行為     │            ┌─ 直接相手方のた ─── 特許※4
                │            │  めにする行為    (剥権行為)
                └─ 形成的行為 ┤
行政行為                     │                    ┌─ 認可※5
                              └─ 第三者のため ────┤
                                 にする行為        └─ 代理※6

                ┌─ 確認※7
    準法律行為   ├─ 公証※8
    的行政行為   │  (証明)
                ├─ 通知※9
                └─ 受理※10
```

※1 違法建築物の除却等(建築基準法9条)、健康診断の受診・勧告命令(感染症法17条)など

※2 自動車運転の免許(道交法84条)、医師の免許(医師法2条)、風俗営業の許可(風俗営業法3条)など

※3 病弱等のための就学の猶予又は免除(学校教育法18条)、小規模事業者に係る納税義務の免除(消費税法9条)など

※4 鉱業権の設定(鉱業法5条)、公有水面の埋立免許(公有水面埋立法2条)、河川区域内の土地の占用許可(河川法24条)など

※5 特許企業の運賃・料金等の認可(鉄道事業法16条、道路運送法9条)など

※6 土地収用の裁決(土地収用法47条以下)など

※7 公の選挙における当選人の決定(公選法10章)、国民年金給付権(国民年金法16条)など

※8 戸籍簿への記載(戸籍法13条)、国民年金手帳の交付(国民年金法13条)など

※9 特許出願の公告＝特許査定(特許法51条)、代執行の戒告(行政代執行法3条)など

※10 各種の申請書・届出書・訴状の受理・審査・応答(行手法7条)など

正解 3

Q 15 法律行為的行政行為——②

★★★

次の「法律行為的行政行為」に関する記述のうち妥当なものはどれか。

1 法律行為的行政行為は，行政庁の判断又は認識の表示を内容とするものである。
2 法律行為的行政行為の命令的行為とは，人の自然に有しない法律上の力（特定の権利・権利能力・行為能力など），又は法律関係等を発生，変更，消滅させる行為をいう。
3 法律行為的行政行為の命令的行為は，学問上，下命・禁止，許可に分けられている。
4 法律行為的行政行為の形成的行為は，学問上，特許，認可に分けられている。
5 法律行為的行政行為の命令的行為の下命・禁止は，作為，不作為，給付，受忍を命ずる行為である。

正解チェック欄　1回目 2回目 3回目　A

1 誤り。準法律行為的行政行為の記述である。準法律行為的行政行為とは，行政庁の効果意思ではない認識や判断の表示であり，法効果は法令の定めた内容になるものである。例えば，年齢等の要件が満たされていることを確認して選挙人名簿への登録を行うという（認識の表示），行政庁の意思いかんにかかわらない，選挙権の具体的な行使が可能になる。

2 誤り。**法律行為的行政行為**はまず，①命令的行為と②形成的行為に分けられている。この記述は，**形成的行為**の定義である。

3 誤り。**命令的行為**とは，「自然に存する事実上の自由を制限し，又はこれを回復せしめる行為であり，具体的には，国民に対しある義務を命じ，又はその義務を免除する行為」である。しかも，これは学問上，**下命・禁止，許可，免除**に分けられている。

4 誤り。法律行為的行政行為の形成的行為は，直接の相手方のためにする行為と第三者のためにする行為に分かれる。これは，**特許（剝権行為），認可，代理行為**に分けられている。

5 正しい。法律行為的行政行為の命令的行為の下命・禁止は，法令の形式でなされることが多い。行政行為は，これに基づいて具体的に処分の形式で下命・禁止を行う。

即ち，**下命・禁止**は，一般統治権に基づき，特定の作為（あることをする。例：違反建築物に対する措置（建築基準法9条）），不作為（あることをしない。例：営業の休止），給付（行政機関にあるものを提供する。例：手数料の納付（自治法227条）），受忍（行政機関からあることをされて，それに抵抗しないでいる。例：健康診断の受診（感染症法17条））の義務を命ずる行為である。

下命のうち，不作為を命ずる行為を特に禁止している（例：災害時に車両は禁止された区域を通行してはならない。災害対策基本法76条）。下命・禁止に違反した場合は，法律上，**処罰又は強制執行の対象**となる。

正解 5

Q 16 命令的行為──①許可・認可

★★★

学問上の「許可」と「認可」に関する記述として正しいのは,次のどれか。

1 「許可」は,作為・給付・受忍の義務を特定の場合に解除する行政行為であるが,「認可」は,第三者の行為を補充してその法律上の効力を完成させる行政行為である。

2 「許可」の実定法上の例として,地方公共団体が一部事務組合を設立しようとする場合の総務大臣の許可があり,「認可」の例として,農地の所有権を移転しようとする者に対する知事の許可がある。

3 「許可」の対象は,事実的行為又は法律的行為であり,「認可」の対象は,法律的行為で,それは私法行為である場合と公法行為である場合とがある。

4 「許可」を要する行為を許可なしに行ったときは,原則として処罰の対象となり,「認可」を要する行為を認可なしに行ったときは,原則として強制執行の対象となる。

5 「許可」は適法要件であり,特定の行為を適法にすることができるようにするものであり,「認可」は効力要件であるから,無効な行為であっても認可があれば,その行為は原則として有効となる。

正解チェック欄　1回目　2回目　3回目　A

1 誤り。「許可」は，一般的な禁止（不作為義務）を特定の場合に解除する行政行為である。

2 誤り。**一部事務組合の設立の許可は，「認可」である（自治法284条）**。農地などの権利の移転に関する許可（農地法3条1項，4項）は，「認可」であり正しい。

3 正しい。**許可の対象**は，通常，公共の場所での集団行動，自動車運転，医師業務，質屋営業といった事実行為であるが，物価統制令の統制額を超える契約に主務大臣の許可を要するとする例のように法律的行為であることもある（物価統制令3条1項ただし書，統制額を超える契約・支払・受領の禁止，地区により統制額の異なる場合の基準統制額）。

　一方，**認可の対象となる第三者の行為**は，公法行為であることもあれば，私法行為であることもある。

　地方公共団体の一部事務組合設置に関する認可（自治法284条），公共組合設立の認可（土地改良法5条1項，土地改良区の設立）などは公法的行為に対する認可の性質を有する。

　河川占用権の譲渡に関する承認（河川法34条），特許企業の運賃・料金等の認可（鉄道事業法16条，道路運送法9条），鉄道事業の譲渡及び譲受の認可（鉄道事業法26条1項），農地の所有権移転・賃貸借の解約の許可（農地法3条，18条），これらはいずれも私法的行為に対する認可である。

4 誤り。**「許可」を受けない行為**は，禁止違反として強制執行又は処罰の対象となる。「認可」を受けない行為は，原則として無効である。なお，強制執行の対象とはならない。

5 誤り。「認可」は，第三者の行為を補充して，その法律上の効力を完成させるものであり，基本の行為が無効のときは，それに対する認可があっても，当該行為が有効となるものではない。

正解　3

Q 17 命令的行為——②警察許可

★★

行政法学上の警察許可に関する記述として,妥当なのはどれか。

1 警察許可は,申請者の資質に基づき与えられるものなので,対物許可であっても,その効果は一身に専属し,本人が死亡した場合は当然に消滅する。
2 警察許可の結果生じた事業の独占などの利益は,付随的,反射的利益にとどまらず,法律上の救済が保証されている。
3 警察許可の申請があった場合,公共の安全と秩序に障害を生じる恐れがないときは,行政庁は許可を与えるべく羈束される。
4 警察許可の申請が競合した場合,行政庁は先願の申請に拘束されることなく,いずれに許可を与えるかを裁量により決定することができる。
5 警察許可を受けることを要する行為を,警察許可を受けないで行うことは違法であり,その行為の効力は無効となる。

行政行為 —— 35

正解チェック欄　1回目　2回目　3回目　A

　現代の行政は，①**規制行政**，②**給付行政**，③**調達行政**の3つに分類できる。このうち**規制行政**（建築規制や交通規制など）は従来，警察行政とも呼ばれてきた。警察権行使の方法としては，下命・禁止・許可などの行政行為や行政強制の方法によるが，常に法律の根拠を必要とする。

　警察許可とは，社会公共の安全と秩序を維持するためになされた一般的禁止を，特定の場合に解除し，適法にその行為を行うことができるようにする行政機関の行為である。自然的自由の回復であって，新たな権利を設定するものではなく，原則として自由裁量とはならない。

1　誤り。**警察許可の対人許可**は，申請者の資質に基づき与えられるものであるが，**警察許可の対物許可**は，申請者の物的設備その他の客観的事情に基づき与えられ，物的設備の相続や譲渡などにより原則として承継される。

2　誤り。警察許可の結果，事実上，ある程度の事業の独占やその他の利益を生じることがあるが，これは**警察許可の付随的，反射的な利益**であり，法律上の救済が保障されているものではない。

3　正しい。**警察許可**とは，警察上の目的のためにする一般的な禁止を特定の場合に解除し，適法に，特定の行為をすることができるようにする行為である。行政庁は公共の安全と秩序に障害を生じる恐れがないときは申請者に対し許可をすべき拘束を受ける。

4　誤り。警察許可は，**羈束裁量行為**（Q12, 13参照）であり，警察許可の申請が競合関係にある場合には，裁量の余地はなく先願主義により判断される。なお先願主義とは，許可や特許の申請に対して，先に出願した者を優先して取り扱う原則をいう。

5　誤り。警察許可を受けることを要する行為を，警察許可を受けないで行うことは違法であるが，それは警察上の見地からの制限禁止違反にとどまるのであるから，許可なくしてなされた法律行為自体の効力は妨げられない。

正解　3

Q 18 形成的行為——①

★★

次のA～Eのうち，学問上の特許に該当するものの組合せとして妥当なのはどれか。

A 河川の占用許可
B 風俗営業の許可
C 火薬類製造の許可
D 鉱業権設定の許可
E 公安条例による集団示威行進の許可

1 A, C
2 A, D
3 B, C
4 B, E
5 D, E

| 正解チェック欄 | 1回目 | 2回目 | 3回目 | A |

特許は**形成的行為**の1つであり，権利その他の法律上の力を付与する行政行為をいう。法令上は，「**免許**」「**許可**」「**認可**」等といわれることが多い。例としては鉱業権の設定の許可（鉱業法21条），漁業権の設定の免許（漁業法10条），道路の占用の許可（道路法32条），公有水面埋立ての免許（公有水面埋立法2条）等が挙げられる。

特許（設権行為）とは，国民が本来有しない権利や権利能力を新たに設定する行為である。例えば，上記の公有水面埋立ての免許について見ると，「公有」の水面には本来私人は特定の権利を持たないが，免許されることによって，その水面の埋立てや造成後の土地に関する権利を取得することになる。許可との違いは，許可が，本来国民が持っている自由を回復するのに対して，特許は，本来国民が持っていない権利（権利能力）の創設を行うところにある。

したがって，A・Dが**学問上の特許**（A－河川法24条），（D－鉱業法21条）に該当する。

なお，Bは**講学（学問）上の許可**（B－営業の許可，風俗営業法3条），また，Cも許可（C－製造の許可，火薬類取締法3条）である。Eについては，争いのあるところであるが，許可ないしは，届出制であれば単なる受理行為（他人の行為を有効な行為として受け付ける行為）ということになる。

行政行為の分類はQ12～14を参照のこと。

命令的行為	国民が生れながらにして持っている活動の自由に関係する行為。この行為は**義務**に関係する。
形成的行為	国民が生れながらに持っていない特殊な法的地位に影響を与える行為。この行為は**権利**に関係する。

正解　2

Q 19 形成的行為——②

★★

法律行為的行政行為のうち，(a)不作為義務を特定の場合に解除し，適法に一定の行為をなすことを得しめる行為と，(b)直接の相手方のために，権利能力・行為能力・特定の権利又は包括的な法律関係を設定する行為に該当する組合せとして正しいのは，次のどれか。

	(a)	(b)
1	自動車運転の免許	公有水面埋立ての免許
2	鉱業権設定の許可	自動車運転の免許
3	風俗営業の許可	地方債起債の許可
4	地方債起債の許可	鉱業権設定の許可
5	公有水面埋立ての免許	風俗営業の許可

正解チェック欄 1回目 2回目 3回目 **A**

　一般的な禁止（不作為義務）を特定の場合に解除し，適法に一定の行為をなすことを得しめる行為を，学問上，**許可**といい，直接相手方のために，権利能力，行為能力，特定の権利又は包括的な法律関係を設定する行為を，学問上，**特許**又は**設権行為**という。

1　正しい。「自動車運転の免許」は「許可」（道交法90条，92条）であり「公有水面埋立ての免許」は「特許」（公有水面埋立法2条）である。

2　誤り。「鉱業権設定の許可」は「特許」（鉱業法21条）であり，「自動車運転の免許」は「許可」である。

3　誤り。「風俗営業の許可」は「許可」（風俗営業法3条1項）であり，**「地方債起債の許可」（改正前自治法250条）**は「認可」である。地方分権一括法（平成11年7月）により，地方自治法が改正され同法250条は廃止された。その代わり，**地方財政法5条の3に包括的な協議の方式**が規定された。

　協議により同意が得られた場合には，公的資金の借入れ（同法5条の3第3項）や元利償還に要する経費の基準財政需要額への算入（同条4項）の対象になり，国の財源保障措置が講じられることになる。同意が得られない場合でも，長が議会へ報告することを条件に起債を起こせる（同条5項）が，独自に民間資金を調達して発行することになる。

　なお，①赤字が一定水準以上の自治体，②起債制限比率の高い自治体，③赤字公営企業等は，地方債を発行する際に，従来通り総務大臣等の許可が必要になる（同法5条の4第1項）。

　また，標準税率未満の自治体は，公共施設等の建設事業に規定する経費の財源とする地方債を発行するときに限って，総務大臣等の許可が必要である（同条4項）。

4　誤り。「認可」と「特許」の組合せである。
5　誤り。「特許」と「許可」の組合せである。

正解　1

Q 20 形成的行為──③

★★★

行政行為の記述として妥当なのは，次のどれか。

1 認可は，すでに法律又は行政行為によって課されている一般的な禁止を特定の場合に解除して，適法に特定の行為をなす自由を回復させる行為をいい，その例として公衆浴場の許可，公有水面埋立免許があげられる。

2 特許は，直接の相手方のために，権利能力，特定の権利又は包括的な法律関係を設定する行為をいい，その例として鉱業権設定の許可，公務員の任命が挙げられる。

3 許可は，第三者の契約や合同行為などの法律行為を補充して，その法律上の効果を完成させる行為をいい，その例として農地の権利移動の許可，河川占有権の譲渡の承認が挙げられる。

4 免除は，すでに法律又は行政行為によって課されている作為，給付及び受忍の義務を特定の場合に解除する行為をいい，その例として土地収用にかかわる事業認定が挙げられる。

5 公証は，特定の事実又は法律関係の存否を公に証明する行為で，法律によって法律効果の発生が予定されているものをいい，その例として代執行の戒告，特許出願の公告が挙げられる。

| 正解チェック欄 | 1回目 | 2回目 | 3回目 | A |

1 誤り。学問上の**許可**についての説明である。公衆浴場の許可（公衆浴場法2条1項2号，7条の2）は許可であり，公有水面埋立免許（公有水面埋立法2条）は特許である。**認可**とは，第三者の契約や合同行為等の法律行為を補充して，その法律上の効力を完成させる行為をいう。認可を必要とする場合において，認可を受けない契約などはその効力を生じない。例として，農地売買（農地法3条1項，4項）や公共料金の改定（水道法14条（供給規程），軌道法11条（運賃，料金，運転），道路運送法9条（運賃及び料金），電気事業法18条（託送供給等約款），ガス事業法17条（供給約款等））などがある。

2 正しい。**特許**は，特定人のために新たに権利を設定し（鉱業権設定の許可（鉱業法29条），河川の占用許可（河川法23条，24条）など），権利能力を設定し（法人の成立等（民法33条），社会福祉法人の設立——定款の作成，厚生労働大臣の認可，設立の登記——（社会福祉法28条，31条，32条）など），法律上の地位を付与（公務員の任命（地公法17条1項，22条1項），帰化の許可（国籍法4条2項），公企業の特許（鉄道事業法3条）など）する行為である。設権行為によって設定された既存の権利・包括的な法律関係などを変更する行為を変権行為（公務員の転任など）といい，これらを消滅させたり，特定の権利を剥奪したりする行為を剥権行為（公務員の免職処分，地公法28条，29条など）という。

3 誤り。学問上の認可についての説明である。

4 誤り。土地収用にかかわる事業認定（土地収用法16条）は，ある者に特別の資格や地位を付与するタイプの行政行為であり，「特許」である。

5 誤り。代執行の戒告は**通知行為**（行政代執行法3条）である。

正解 2

Q 21 形成的行為——④

★★

行政庁の裁量行為とされている(A)「営業の許可」及び(B)「公企業の特許」に関する記述のうち正しいのは，次のどれか。

1 (A)は公共の秩序や安全を維持するためになされた禁止を解除することが建前であり，事業主体の資格要件，公益性，事業計画の妥当性等について厳しく監督する必要がある。

2 (B)は事業者の自由な事業活動を前提としており，そこから得られる利益は反射的利益に過ぎず何ら新たな権利を設定するものではない。

3 (A)は事業者に対して特別に新たな事業活動を営む権利を設定するもので，対象となる事業活動の審査には行政上の専門技術的判断を必要とする。

4 (B)は国民の福祉に関係が深いが，既存の法体系になじまない分野であるから，行政庁の恣意的判断に委ねている。

5 (B)は本来国が独占する事業の経営権を特定人に付与するもので，事業者は国との関係において特別の監督を受けることになる。

正解チェック欄 1回目 2回目 3回目 **A**

1 誤り。後段は，新たに権利を設定する行為である公企業の特許（鉄道事業法3条1項）を行う場合に妥当するものである。

2 誤り。**公企業の特許**（電気・ガス事業・鉄道事業）は国家的事業について，その経営権の全部又は一部を，財政・経済上その他の理由から特定の者に設定する行為である。

3 誤り。**営業の許可**は，人の本来持っている自然の自由を回復させるにとどまる行為であり権利を設定するものではない。

4 誤り。既存の法体系になじまない分野とはいえず，また特許はいわゆる自由(便宜)裁量行為に当たるとされているが，恣意的判断に委ねているものではない。**自由(便宜)裁量行為**とは，行政庁の高度の専門技術的な知識に基づく判断や，政治的行政的責任を伴った判断を要する裁量事項であり，行政庁が裁量を誤ったときでも，原則として裁判所が違法と判断し得ない行政裁量をいう。

  生活保護基準の認定に関して（朝日訴訟，最判昭42.5.24），外国人の在留期間の更新に関して（マクリーン事件，最判昭53.10.4），公務員の懲戒処分と裁量権の範囲に関して（最判昭52.12.20）など判例も多い。

5 正しい。**特許企業者**は公共性の強い国家的事業の経営者として，国の特別の監督を受け，これに服従する義務を負う。

  公企業（郵便・電信・電話・電気・ガス・鉄道事業など）の**特許**に当たって，その許可基準は，その事業の提供するサービスが国民の日常生活に不可欠であるか否かという価値判断の許に決定されるから，許可するに当たっては，事業開始の公益性，事業経営能力，需給関係のバランスなどの審査が要求される。

  また，この**監督**については，事業計画の提出，事業の休廃止の許可制，料金の許可制，供給条件の統制，事業者の事業の提供の義務などの干渉を加えている。

正解 5

Q22 形成的行為──⑤

★★★

学問上の認可に関する記述で，正しいのは次のどれか。

1 認可の対象は原則として事実行為であり，認可はその適法要件である。
2 認可は，基本となる行為が無効であるときはそれに対して認可がなされても，基本となる行為は有効とならない。
3 認可の対象が法律行為である場合は，その法律行為は私法行為に限定される。
4 認可は，単独行為に属するから，原則として職権によって与えられる。
5 無認可の行為は，強制執行の問題を生じないが，一般に処罰の対象とされる。

| 正解チェック欄 | 1回目 | 2回目 | 3回目 | A |

　認可は私人間の契約などの法律行為を，つまり第三者の行為を補充してその法律上の効力を完成させる行為をいう。認可を必要とする場合において，認可を受けない契約などはその効力を生じない。**特許**(河川・道路の占用許可（河川法23条，24条，道路法32条，33条），公有水面埋立免許（公有水面埋立法2条）など)，**代理**（土地収用の裁決の申請（土地収用法39条），公共団体の役員の選任（自治法152条による長の臨時代理の選任など））と共に形成的行為の一種である（例：農地の所有権の移転・賃貸借の解約の許可・認可（農地法3条，20条），地方債の許可・認可**（改正前自治法250条，ただし平成17年度までは，許可が必要であったが，平成18年度からは地方財政法5条の3による「協議」に変わっている。なおQ19を参照）**，地方公共団体の一部事務組合設立の許可・認可（自治法284条），企業の運賃・料金等の認可（鉄道事業法16条，道路運送法9条），建築協定に関する認可（建築基準法73条），河川占用権の譲渡に関する承認・認可（河川法34条））。

1　誤り。認可の対象は法律行為に限られる。認可は法律行為の効力要件である。
2　正しい。認可は第三者の法律行為を補充してその法律上の効力を完成させる行為にすぎないから，認可の前提となる行為そのものが不成立又は無効の場合は，それに対する認可によって前提となる行為が有効となることはない。
3　誤り。認可の対象となる法律行為は**私法行為**であると**公法行為**であるとを問わない。
4　誤り。認可は第三者の法律行為の効力を補充するものであるから，原則として申請に対して与えられる。
5　誤り。認可はその対象となる法律行為そのものを禁止するものではないので，**禁止違反**として強制執行とか処罰するとかの問題は生じない。

正解　2

Q 23 準法律行為的行政行為——①

★★★

法律行為的行政行為と準法律行為的行政行為に関する記述として正しいのは，次のどれか。

1 法律行為的行政行為とは，拘束力を要素とするもので，行政庁が一定の法的効果の発生を欲する意思を持ち，これを文書で表示する行為により成立する行政行為をいう。

2 準法律行為的行政行為とは，行政庁の意思表示を要素とするものではなく，それ以外の判断なり認識の表示に対し法により一定の法的効果が付せられる結果，行政行為とされるものをいう。

3 法律行為的行政行為では，行政庁が行政裁量の認められる範囲で附款を付けることができるのに対し，準法律行為的行政行為では，法が明文で規定する場合を除き附款を付けることができない。

4 法律行為的行政行為は，国民が本来有していない特別な権利や法的地位などを付与する行為であり，公の選挙における当選人の決定や年金受給権の裁定はこの行為に含まれる。

5 準法律行為的行政行為は，国民が本来有している権利を制限し，又はその制限を解除する行為であり，交通妨害物件の除去の命令や，自動車運転の免許はこの行為に含まれる。

| 正解チェック欄 | 1回目 | 2回目 | 3回目 | **A** |

1 誤り。**法律行為的行政行為**は，意思表示をその要素とし，行為者が一定の効果を欲するが故にその効果を生ずる行為をいう。また，文書による表示は要件ではない。

2 正しい。**準法律行為的行政行為**は，行政庁の意思表示を要素としていない。例えば，Qが建築確認申請を提出した場合，建築確認処分は，建築主事という資格を持つ者が，建築基準法6条に基づいて行政庁として行う処分である。建築主事は，Qの申請について建築法令に適合しているかどうかを審査し，その結果適合していると認めれば確認処分することになる。

その際，建築主事は，この確認処分の結果，Qにどのような法的効果が発生するのかを考えて，その効果の発生を意欲して確認するわけではない。つまり，確認を受けたならば，Qは適法に家を建築することができるが，建築主事はQに家を建てさせてやろうと思って確認処分をするわけではない。その申請が法令に適合していれば誰の申請であろうと確認せざるを得ないわけである。

このように，行為者の意思とは無関係に，行為者が，判断，認識，観念を表示すると，その行為に，法律の規定によって決められた効果を生じることになるものを準法律行為的行政行為という。

3 誤り。**行政行為の附款**は，行政行為の効果を制限するために，主たる意思表示に付加される従たる意思表示である。附款には，期限・条件・負担・撤回権の留保，その他の附款がある。一方，準法律行為的行政行為（確認・公証，通知・受理）は意思表示を要素とするものではないから，これに附款を付する余地はない。

4 誤り。当選人の決定（公選法10章），年金受給権の裁定（国民年金法16条）は，準法律行為的行政行為の一種である**確認行為**に含まれる。

5 誤り。これは，法律行為的行政行為の中の命令的行為の説明であり，違反建築物の除却命令（建築基準法9条）は**下命**，自動車運転の免許（道交法84条）は**許可**に当たる。

正解 2

Q24 準法律行為的行政行為——②

★★

学問上の準法律行為的行政行為のうち「確認行為」に該当するのは，次のどれか。

1 特許法による特許
2 建築基準法による違反建築物の除却命令
3 食品衛生法による営業の許可
4 鉄道事業法による事業の免許
5 農地の所有権の移転をしようとする者に対する知事の許可

正解チェック欄　1回目　2回目　3回目　A

　準法律行為的行政行為の1つである**「確認」**は，特定の事実又は法律関係の存否について，疑いや争いがある場合に，公の権威をもって判断しこれを確定する行為である。そのことを対外的に表示することで一定の法効果が生じると法律で定められているので，確認は，判断の表示であるといわれている。例えば，市町村の境界の確定（自治法9条，9条の2），河川区域の指定（河川法54条），発明の特許権の設定（特許法66条），所得額の更正・決定（所得税法第7章，更正及び決定など），当選人の確認・決定（公選法10章），土地収用の事業認定（土地収用法16条），公害病患者の認定（公害健康被害の補償等に関する法律4条），介護保険の等級の認定（介護保険法27条）がある。

1　正しい。**特許法66条による特許は，新規の発明たることを「確認する行為」**であって，権利を与える意思表示ではなく，学問上の特許行為の性質を持たない。
2　誤り。建築基準法9条1項による除却命令は，一方的に一定の作為義務を発生させる行政行為，即ち「下命」である。
3　誤り。食品衛生法52条による営業の許可は，すでに存在する一般的禁止を具体的場合に解除する行政行為，つまり「許可」である。
4　誤り。鉄道事業法3条1項，2項による事業の免許は，設権行為で，学問上の「特許」である。
5　誤り。農地法3条（**農地又は採草放牧地の権利移動の制限**）による農地の所有権の移転の許可は，第三者の行為を補充し，その法律上の効力を完成せしめる行為，即ち**「認可」**である。

正解　1

Q25 無効な行政行為——①

★★★

無効な行政行為又は取り消し得べき行政行為に関する記述として妥当なのは、次のどれか。

1 無効な行政行為とは、行政行為に内在する瑕疵が重要な法律違反であることが明白であるが、正当な権限のある行政庁又は裁判所の取消しがなければ、既往に遡及して効力を失わない行政行為である。

2 無効な行政行為とは、行政行為の主体、内容、手続等に瑕疵があって、その無効を確認する訴訟を提起するためには、当該処分についての審査請求に対する裁決を事前に経なければならない行政行為である。

3 無効な行政行為とは、行政行為として存在しているにもかかわらず、正当な権限のある行政庁又は裁判所の取消しがなくとも、初めから行政行為としての法律的効果を全く生じない行政行為である。

4 取り消し得べき行政行為とは、行政行為に内在する瑕疵が軽微であると処分行政庁が判断し、これを前提として手続が進められたとき、その瑕疵が治癒され、有効な行政行為として取り扱われる行政行為である。

5 取り消し得べき行政行為とは、その成立に瑕疵があるため、正当な権限のある行政庁又は裁判所の取消しがなくとも、関係行政庁その他の国家機関は独自にその効力を否定することができる行政行為である。

正解チェック欄　A

瑕疵のある行政行為については，通常の瑕疵ならば**取り消し得べき行政行為**，重大かつ明白な瑕疵ならば**無効な行政行為**となる。

行政法秩序の安定のために，瑕疵の有無の判断は正当な権限を有する機関が慎重な手続により統一的に行うこととし，専門機関が正式に取り消すまでは，行政行為を有効なものとして取り扱う（いわゆる**公定力**）こととするのが原則となっている。

しかしながら，瑕疵が重大かつ明白であれば，公定力を認める必要性もないため，不服申立てや取消訴訟の手続によらずに**行政行為の無効**を主張することができるのである。

1 誤り。行政行為が**重要な事件（主体・手続・内容・形式）**に違反し，しかもそのことが誰の目から見ても疑う余地のないほど明白であれば，あえて権限ある国家機関の判断を待つまでもなく，通常人の判断でその行政行為の公定力を否定し，無効と認めても問題は生じないと考えられている。

2 誤り。無効な行政行為とは，国民が，審査請求や訴訟を提起するまでもなく，その責任においてこれを無視することができる行為である。行政行為の効力（公定力など）は全く生じない。

3 正しい。行政行為の成立に瑕疵があり，瑕疵の程度が正当な権限ある行政庁又は裁判所による取消しを待たなくても，初めから行政行為の内容に適合する効果を全く生ずることのできないものである（**処分**に**重大**かつ**明白**な**瑕疵**がある）とき，その行政行為は無効とされる。

4 誤り。**瑕疵**が**治癒**されたと評価できる場合は，むしろ取り消し得べき行政行為に該当しなくなったと判断される場合である。

5 誤り。取り消し得べき行政行為は，違法の程度が軽いので，ただちに無効とはならず，**権限ある機関**（行政庁又は裁判所）が正式に取り消すまでは有効であり，取り消して初めてその行政行為は，遡って効力を失うのである。

正解　3

Q 26 無効な行政行為──②

★★

無効の行政行為を「形式上は行政行為として存在するが，その内容に適合する法律的効果を全く生じない行為」と定義した場合，A〜Eの行為のうち，無効の行政行為に該当する組合せは，次のどれか。

A　相手方の賄賂その他の不法行為に基づいてなされた営業許可

B　他の事情から誤記であることが判明し得る場合，「不許可」として記載すべきを「許可」としてなされた営業許可

C　死亡者に対してなされた医師免許

D　死亡者に対してなされた鉱業免許

E　公務員が心神喪失中になした営業許可

1　AとC
2　BとD
3　CとE
4　AとD
5　BとE

正解チェック欄　1回目　2回目　3回目　A

　例えば、税額の記入のない課税（処分）など、**無効の行政行為**には、何人も拘束されることなく、私人の立場においてもその効力を否定することができる。無効の行政行為には、行政行為の効力（公定力、不可争力、不可変更力など）が一切生じない。それは処分時からである。判例・通説は、重大かつ明白な瑕疵説をとっている（最判昭36.3.7、同昭48.4.26）。つまり瑕疵ある行政行為のうち、初めから実体的法律効果を生じ得ない行為のことをいう。

　無効原因の例としては、次のようなものがある。

① **主体に関する瑕疵**——会計管理者が行った租税滞納処分など無権限の行政庁の行為
② **内容に関する瑕疵**——死者に対する運転免許・医師免許、対象土地の特定を欠く農地買収処分
③ **手続に関する瑕疵**——督促をしないで租税滞納処分をしたように公告・通知を欠く行為
④ **形式に関する瑕疵**——理由の付記を法定要件とする場合に理由を欠く行為。行政庁の署名、捺印を欠く行為

A　相手の賄賂その他の不法行為に基づく行為は、当然に無効ではなくそれを理由として取り消すことができるのみである。
B　誤記であることが客観的に明白である場合には、その誤りを正し、正しきに従って効力を生ずる。
C　死亡者に対してなされた医師免許は、存在しない人を相手方とする行為として無効である。
D　死亡者に対してなされた意思表示は、存在しない人を相手方とする行為として、原則として無効であるが、死者に対する鉱業許可は**無効行為の転換の理論**により、相続人について効力を生ずる。
E　公務員が心神喪失中にした営業許可は、意思のない行為として無効である。したがって、CとEが無効の行政行為である。

正解　3

Q 27 取り消し得べき行政行為

★★★

無効な行政行為又は取り消し得べき行政行為に関する記述として妥当なのは，次のどれか。

1 無効な行政行為とは，形式上行政行為として存在するが，重大かつ明白な瑕疵を有するため，正当な権限を持つ行政庁又は裁判所による取消しによって，既往に遡及して効力を失う行為である。

2 無効な行政行為とは，行政行為として外観上存在しないと認められる行為をいい，訴訟の提起があった場合においても裁判所による無効確認を待たず，初めから行政行為の内容に適合する法律効果を全く生じない行為である。

3 取り消し得べき行政行為とは，一応行政行為として有効に成立しているが，その成立に瑕疵を有するため正当な権限を持つ行政庁又は裁判所による取消しによって，原則として既往に遡及して効力を失う行為である。

4 取り消し得べき行政行為とは，その成立に瑕疵を有しない行政行為であるが，公益上その効力を存続させ得ない新たな事由の発生により，行為行政庁の意思行為によって将来に向かってその効力を失う行為である。

5 取り消し得べき行政行為とは，その成立に瑕疵を有しない行政行為であるが，その成立後正当な権限を持つ行政庁又は裁判所の意思行為によらず，一定の事実に基づいて将来に向かってその効力を失う行為である。

正解チェック欄 1回目 □ 2回目 □ 3回目 □ **A**

1 誤り。**無効な行政行為**は，取消しを待たずとも初めから行政行為の内容に適合する法律的効果を全く生じ得ない行為である。

2 誤り。無効な行政行為と取り消し得べき行政行為をいずれも瑕疵ある行政行為と呼ぶのは，少なくとも形式上は行政行為として存在しているからである。これに対して外観上も存在しないものは，**非行政行為**又は**行政行為の不存在**といい，瑕疵ある行政行為と区別される。

3 正しい。取り消し得べき行政行為は，瑕疵はあるが，一応有効なものとして存続し，取消しの権限を持つ行政庁や裁判所によって取り消されて，初めてその効力を失うものである。取り消されれば，行政行為がなされた時に遡ってその効力は消滅する。したがって，初めからその行政行為は無かったのと同じことになる。

瑕疵ある行政行為の**取消し**には，職権取消しと争訟取消しの2つの方法がある。前者は処分庁又は上級行政庁が自主的に行う取消しで，出訴期間などの制限はない。争訟取消しは，国民による行政機関（行政不服申立て），又は裁判所（取消訴訟）に対する争訟の提起を契機としてなされる取消しである。争訟取消しには，出訴期間や原告適格その他訴訟要件（訴訟の利用条件のこと）による制約がある。

4 誤り。いわば**撤回されるべき行政行為**の説明である。独立の行政行為である取消しと撤回は混同されやすい。

5 誤り。取消しでも撤回でもない。行政庁の意思行為によらず一定の事実に基づいて効力を失う場合は，法令の規定により一定の事件に公法的効果が付される場合（公法上の事件），行政行為に解除条件や終期などの附款が付される場合に生じる。

正解 3

Q 28 行政行為の取消し——①

★★★

行政行為の取消しに関する記述として妥当なのは，次のどれか。

1 行政行為の取消しとは，有効に成立した行政行為の効力を，成立に瑕疵があることを理由として，将来に向かってのみ消滅させる行為をいう。

2 行政行為の取消しとは，瑕疵なく成立した行政行為の効力を，その後の事情の変化を理由として，過去に遡って消滅させる行為をいう。

3 処分庁は，審査請求に対する裁決を経て行われた行政行為について，これを職権で自由に取り消すことができる。

4 処分庁は，国民に権利利益を付与した行政行為については，取消原因がある場合においてもこれを自由に取り消すことはできない。

5 処分庁は，行政行為の相手方からの請求がなければ，その行政行為について取消しをすることができない。

正解チェック欄　1回目　2回目　3回目　Ａ

1 誤り。行政行為の**取消し**は，有効に成立した行政行為の効力を，成立に瑕疵があることを理由として，過去に遡って消滅させる行為であり，将来に向かってのみ消滅させるものではない。行政行為が取り消された場合には，初めから行政行為がなかったものとして事後の調整がなされなければならない。

2 誤り。取消しは，有効に成立した行政行為について行われるが，成立当初からの瑕疵を理由として行われる。瑕疵なく成立した行政行為について行われるものではない。

3 誤り。行政行為に瑕疵があっても，当該行政行為が，審査請求その他の行政審判手続などの争訟（裁断）手続を経て発せられたものである場合には，その行為に**不可変更力**が認められるので，処分庁自体がこれを職権で自由に取り消すことはできない。

4 正しい。国民に権利利益を付与するいわゆる**授権的行政処分**の場合には，行政庁が自ら誤って不当又は違法な判断をしたからといって勝手にこれを取り消したりすると，相手方の法的地位を著しく不安定にし，国民の信頼を裏切る結果となる。そこで今日では，国民の信頼保護の観点から，特定人に権利利益を付与する**受益的行政行為**や，第三者の法的地位に重要な影響を及ぼす行政行為については，取消しの必要があっても，その必要性が国民の既得権益の保護を超えるだけの緊急性を持つ場合でなければ，みだりに取り消すべきではないとされている。

5 誤り。処分庁は，行政行為の相手方からの請求がなくても，取消原因たる瑕疵の存在を理由として，**職権で行政行為の取消し**を行うことができる。処分庁が，その職権に基づき任意に行政行為を取り消すことができるとする原則を**取消し自由の原則**という。今日では，この原則は3，4のような場合において制限されている。

正解　4

Q 29 行政行為の取消し——②

★★★

行政行為の取消しに関する記述として妥当なのは，次のどれか。

1 処分庁は，相手方及び関係者の利益を害する瑕疵ある行政行為について，取消しに関して法律上に明文の規定がなくても，その適法性又は合目的性の回復を図るため，職権で当該行政行為を取り消すことができる。
2 処分庁は，行政行為の瑕疵が治癒されたとき及び手続や形式の瑕疵が軽微で相手方への影響がない場合にも，これを確認するため，職権で当該行政行為を取り消さなければならない。
3 裁判所は，瑕疵の存在が外観上明白で重要な法規違反のある行政行為について，審査請求に基づく裁決を経て取消訴訟が提起された場合，出訴期間の制限にかかわらず当該行政行為を取り消すことができる。
4 行政行為の取消しは，瑕疵なく成立した行政行為について，新たな事情の変化によりその効力を持続させることが妥当でなくなった場合，処分庁が職権で当該行政行為を除去することをいう。
5 行政行為の取消しは，行政行為に当初から瑕疵があったことを前提としているが，取消しによる法律関係の変動に伴う関係者の利益を保護するため，その効果は，処分時に遡ることはない。

行政行為 —— 59

正解チェック欄　1回目 2回目 3回目　A

1 正しい。**行政行為の取消し**とは，行政行為の成立に取消原因がある場合に，その適法性又は合目的性の回復を図るため，権限ある行政庁（処分庁と上級庁）又は裁判所が，その法律上の効力を初めに遡って失わせる行為（例：自動車の運転免許で不正受験した場合等）である。取り消すための法律の規定は必要ない。裁判所に取消訴訟（処分と裁決）が提起された場合でも，当該行政行為について行政庁が職権により取り消すことも可能であり，また原告の請求が棄却された場合でも同様である。

　処分庁の上級庁である審査庁及び処分庁である審査庁は，行政不服審査法による審査請求があった場合に過去に遡り取消しを行える。裁判所による取消しは，違法な行政行為について取消訴訟の提起があった場合に限られ，職権による取消しは認められない。

2 誤り。行政行為に**取消原因たる瑕疵**があるだけでなく，**取消しを必要とする公益上の理由**がなければならない。

3 誤り。瑕疵の存在が外観上明白で重要な法規違反のある行政行為は無効である。したがって，いつでも，直接に，裁判所に対して，行政行為の無効を前提とした本案請求をし，又は，原告適格を満たす者が無効確認請求を提起することができる。

4 誤り。撤回についての説明である。もともと適法な行政行為であっても，事情の変化により，その行政行為が瑕疵があるのと等しい状態になることがある。例えば，安全性が確認されて製造の承認がなされた薬品が，その後，重大な副作用が生じることが判明した場合などに，**行政行為（製造承認）の撤回**（医薬品等に関する法律23条の2の2）がなされる。**交通違反を根拠とする運転免許の取消し（道交法103条）も撤回の例である。**

5 誤り。行政行為の取消しは，有効に成立した行政行為について，成立に取消原因たる瑕疵の存在を理由に，その行為の初めに遡り，法律上の効力を消滅させる独立の行為である。

正解　1

Q30 行政行為の取消し——③

★★

行政行為の取消しに関する記述として正しいのは，次のどれか。

1 違法な行政行為であっても，それが国民に権利・利益を与えるものである場合は，公益上の必要を理由として行政庁がこれを取り消すことはできない。
2 裁判所は，訴えの提起があった場合に限り，違法又は不当な行政行為を取り消すことができる。
3 不可変更力の生じた行政行為については，行政庁は，職権によってこれを取り消すことはできるが，被処分者の請求によって取り消すことはできない。
4 処分の不服申立期間を経過し，行政行為が形式的に確定した場合であっても，処分庁が自らそれを取り消すことは可能である。
5 取消訴訟においては，原告の請求に理由があってもそれを棄却するいわゆる事情判決が認められるが，不服申立てにおいては事情裁決制度がない。

| 正解チェック欄 | 1回目 | 2回目 | 3回目 | **A** |

1 誤り。**違法な行政行為**は，明示の法の根拠があると否とを問わず，これを取り消し得る。ただ，国民に権利・利益を与えるものである場合は，その取消しが自由でないというにとどまる。公益上の必要があれば，その目的に必要な限り当然取り消すことができる。

2 誤り。裁判所は，**不当な行政行為**を取り消すことはできない。**不当**とは，法令によって行政機関の裁量に任された事項について，その裁量権の行使が適正でないことをいう（例えば，法令の適用について，AとBとの取扱いが不平等であることなど）。

3 誤り。不可変更力の生じた行政行為については，行政庁は，職権によってこれを取り消すことはできない。

4 正しい。**行政行為**は，行政法秩序の安定を図る見地から，不服申立期間を経過した後は，もはや，その行為の効力を争うことはできないとされる。しかし，これとは別に，処分庁が職権により自らそれを取り消すことは可能である。ただ，争訟手続を経てなされた行為（裁決，判決等）又は利害関係人の参加の下になされた確認的行為（当選人の決定，公選法95条～108条等）は，確定力又はこれに準ずる不可争力を生じ争訟手段によって争う場合のほかは，行政庁の職権によって取り消すことはできない。

5 誤り。争訟取消しの場合には，利益行為・不利益行為のいずれについても，原則として，取消権の制限はない。ただし，事情判決（行訴法31条）・**事情裁決（行服法45条3項）**の場合は，違法であっても取り消されない。このように審査請求も，公益と私益の調整を目的とし，明文で**事情裁決**が認められている。処分が違法又は不当ではあるが，これの取消し又は撤廃により公の利益に著しい障害を生ずる場合において，審査請求人の受ける損害の程度，その損害の賠償又は防止の程度及び方法その他一切の事情を考慮したうえ，処分の取消し又は撤廃が公共の福祉に適合しないと認めるときは，**審査庁は，裁決で，当該審査請求を棄却できる**（同法45条3項）。

正解 4

Q 31 瑕疵ある行政行為

★★

瑕疵ある行政行為を，無効の行政行為と取り消し得べき行政行為に区別する意義は，次のどれと最も関連しているか。

1 司法審査の限界
2 公定力の有無
3 自由裁量権の存在
4 損害賠償責任の帰属
5 私法規定の準用

| 正解チェック欄 | 1回目 | 2回目 | 3回目 | | A |

　行政事件訴訟・行政不服審査による解決の範囲をどの程度認めるかは，司法権の範囲をどう考えるかにより左右される。この範囲を限定的に解する有力説が「**司法権の限界**」論である。それは，「司法権そのものの性質ないし機能の特質に基づく司法権の限界」から司法審査の対象にならないものとして，①**具体的事件性を欠く事件**，②**訴えの利益を欠く事件**，③**高度の政治性を持った事件**（いわゆる**統治行為**若しくは政治問題にかかわる事件）を挙げている。

　自由（便宜）裁量（権） とは法による拘束がないという意味であり，この裁量行使を誤っても**違法**となることはなく，**不当（不適当）** にとどまる。そして裁判所は，法の解釈・適用の保障を任務とするのであるから，法律問題のみをその対象とし，不当にとどまる自由（便宜）裁量（権）を対象にしない。

1と3　誤り。権力分立制の下においては，行政庁の自由裁量に属する事項については，その所管行政庁が，何が公共の利益に適合するかを最もよく判断することができるという考え方の下に，裁判所の干渉を排除している。

2　正しい。**瑕疵ある行政行為**を実体的に見れば，瑕疵の軽重に差のあることは否定できない，また，行政法関係の法的安定性の維持のために，**行政行為**に**公定力**（行政行為が，法律や条例の規定に違反していても，権限ある機関（行政庁）が正式にこれを取り消さない限り有効とされ，国民を拘束する力のこと）を認めざるを得ない。このため，瑕疵ある行政行為は，①**無効の行政行為（重大で明白）** と②**取り消し得べき行政行為**とに区別する意義がある。

4　誤り。行政上の損害賠償責任の帰属については，国家賠償法1条～5条に定められているが，設問とは関係がない。

5　誤り。公法関係において私法規定の準用（適用又は類推適用）の有無が問題となることがあるが，設問とは関係がない。

正解　2

Q 32 行政行為の成立要件

★★

行政行為の成立要件に関する記述として妥当なのは，次のどれか。

1 行政行為は，正当な権限のある行政庁によりその権限内の事項について行われることが必要であり，また相手方の同意を前提要件とする場合，その同意を欠く行為は，原則として無効である。

2 行政行為は，正当な権限のある行政庁によりその正常な意思に基づいてなされることが必要であり，相手方の詐欺によりその意思表示に瑕疵がある場合，それに基づく行為は，当然に無効である。

3 行政行為は，法の定める手続を踏むことが必要であり，その手続が行政の合理的かつ円滑な運営など行政上の便宜を目的としている場合，その手続を欠く行為は，当然に無効である。

4 行政行為は，法の定める手続を踏むことが必要であり，相互に目的及び効果を異にする数個の行政行為が連続してなされる場合，先行行為が違法なときは，後行行為は当然に無効である。

5 行政行為は，一定の形式性及び成文性を備えることが必要であり，その行為を行った日付の記載を要する場合，その記載を欠く行為は，後日補充がなされたとしても，原則として無効である。

正解チェック欄　1回目　2回目　3回目　**A**

　行政の具体的な活動の中で，行政の行う行為がそれ自体で直接に国民の権利や義務の内容に変動をもたらす段階がある。例えば，ビル等建物の建築では，建築確認の申請(審査)，建築確認(又は確認拒否)→(工事)完了検査→違法建築物→是正命令(代執行)の行政過程の中で，建築確認や是正命令の部分などをひとまとめにして行政行為という。

　行政行為が有効に成立するためには，その**主体**，**内容**，**手続**，**形式**等の点について，法の定める要件に適合することが必要である。これらの要件のうちいずれか1つを欠くならば瑕疵ある行政行為としてその効力は否定される。行政行為に内在する瑕疵が**無効原因**か**取消原因**かは，具体的事情に即して決定される。

1　正しい。例えば，建築主事が消防長等の同意を得ずにした建築物の新築や修繕などの許可（**消防法7条**），出願に基づかない鉱業許可（**鉱業法21条**）についての処分は，行政庁が，職権で一方的になし得る行為ではなく，相手方の申請が要件となる。また，公務員の任命を行政処分と解した場合，これを行うためには相手方の同意が必要であり，**相手方の同意を得ない公務員の任命等は無効**である。このように，これらの処分は相手方の協力を要する行為と呼ばれる。**相手方の協力を要する処分を相手方の申請又は同意なしに行った場合には，その処分は無効**である。

2　誤り。この場合には，当然には無効とならず，それを理由として取り消し得るものと解されている。

3　誤り。この場合，その手続を欠く行為は，行政行為そのものの効力には影響がないと解されている。

4　誤り。**先行行為**と**後行行為**とが相互に関連を有するとはいえ，目的及び効果を異にする場合には，先行行為の違法性は後行行為に承継されないと解されている。

5　誤り。行政行為に付けられる日付は，単に行政行為の行った日を明確にするためのものであり，その記載を欠く行為だけでは，直ちに無効とはならないと解されている。

正解　1

Q 33 瑕疵ある行政行為の取消し

★★

瑕疵ある行政行為の取消しに関する記述として妥当なのは，次のどれか。

1 瑕疵ある行政行為の取消権は，処分行政庁と裁判所のみがこれを有し，その行使は行政行為の相手方からの取消請求又は取消訴訟の提起があった場合に限って認められる。

2 瑕疵ある行政行為の取消権は，行政行為の瑕疵が軽微であり，その行政行為を前提として新しい権利義務関係が形成されていった場合でも，法治主義の原則から，常にこれを行使できる。

3 瑕疵ある行政行為の取消しの効果は，原則として既往に遡るが，取消しの原因が当事者の責に帰すべき場合を除いて，当事者の不利益のためには原則として既往に遡らない。

4 瑕疵ある行政行為の取消しは，不当な公益違反の是正ではなく，違法な行政行為の是正を目的とするものであり，その取消しについて明示の法律の根拠がある場合に限って認められる。

5 瑕疵ある行政行為の取消しは，実質的確定力が生じる行政行為については，原則として処分行政庁が職権でこれを取り消すことができるが，行政行為の相手方の請求によっては取り消すことができない。

| 正解チェック欄 | 1回目 | 2回目 | 3回目 | **A** |

1 誤り。**瑕疵ある行政行為の取消し**は，正当な権限を有する行政庁（処分行政庁又は監督行政庁）又は裁判所のみがこれをなし得る。取消しの手続・方法には，相手方・関係人からの請求に基づいて行う①**争訟取消し**と，行政庁の職権に基づいて行う②**職権取消し**がある。

2 誤り。**瑕疵ある行政行為**は，取り消されるのが原則であるが，その瑕疵が軽微で，取消事由に値しないと考えられる場合やその後の事情の変化によって欠けていた適法要件が実質的に充足されたと考えられる場合には，瑕疵はもはや治癒されたものとしてその行政行為を適法扱いにする。

3 正しい。**行政行為の取消しの効果**は，原則として既往に遡る。しかし，既成の法律秩序の破壊は妥当ではないので，取消しの原因が詐欺その他不正の手段による場合等当事者の責に帰すべき場合のほかは，当事者の不利益を遡及させるべきではない。

4 誤り。瑕疵ある行政行為の取消しは，**法規違反**又は**公益違反**を是正することを目的とするものであるから，瑕疵ある行政行為については，違法又は不当を問わず，また取消しについて明示の法の根拠があると否とを問わず，原則としてこれを取り消し得る。しかし，**法律秩序の維持，安定の観点**からは，その取消しにより人民の既得の権利又は利益を侵害する場合には，その取消しを必要とするだけの**公益上の理由**がなければならない等の制限がある。

5 誤り。争訟手続を経て行われた行政行為又は利害関係人の参加によって行われた確認的性質の行政行為等は，**確定力**又はこれに準ずる効力（**不可変更力**）を生じ，たとえそれが違法又は不当であっても，当事者が一定の期間内に争訟手続によって争い，それに基づいて行政庁又は裁判所によって取り消される場合のほかは，行政庁が職権によって取り消すことは許されない。

正解 3

Q34 無効の行政行為の転換

★★★

行政行為における瑕疵の治癒と無効行為の転換とに関する記述として正しいのは，次のどれか。

1 瑕疵の治癒は，行政行為に違法なところがあるが，その瑕疵が取消しに値しない程度に軽微化した場合，当該行為の相手方の承諾を得ることを条件にしてその行政行為を適法扱いにするものである。

2 瑕疵の治癒は，行政行為の重大な瑕疵が，その後の事情の変化や時間の経過によって不明確になった場合に，これを適法扱いにするものであり，民法上の時効制度と趣旨を同じくする。

3 無効行為の転換は，行政行為に瑕疵があり本来無効であるが，別個の行政行為として見たときに瑕疵がなく，かつ適法要件も満たしている場合に，それを別個の行為と見立て有効に取り扱うものである。

4 瑕疵の治癒は，法治行政の要請の下に客観的・画一的な観点から行政行為に瑕疵があるにもかかわらず，これを有効に取り扱うとするものであり，取消権の期限の法理の一種である。

5 無効行為の転換は，元来，行政に対する裁判所の審査を回避する方法として用いられてきたものであるが，個別的なケースに応じて柔軟に適用することができ，国民の権利保護にも資するので，広く適用されている。

正解チェック欄　1回目　2回目　3回目　A

　行政行為の**瑕疵の治癒**とは，行為時に存した瑕疵が，その違法が軽微であるとかその後の事情により，咎められなくなることである。

　無効（違法）な行政行為の転換とは，本来は無効（違法）な行政行為であるが，別個の行政行為として見た場合には，瑕疵がなく，かつ，目的・手続・内容においても適法要件を満たしている場合には，これを別個の行政行為と見て有効なものとして扱うことをいう。

　行政行為の瑕疵の治癒も，無効（違法）行為の転換も，法的安定性を図ること，かつ，公益的見地から認められるものであるが，法治行政の原理からすると例外的なものである。例としては，農地買収計画の縦覧期間が1日短かったが，その間に関係者全員が計画の縦覧を済ませていた場合がある。また，公務員のすべき行為を公務員の任期満了後にした行為等は，主体に関する瑕疵として無効であるが，相手方が公務員がしたものと信頼するだけの相当の理由があるときは，**事実上の公務員の行為**として有効とするのが，**無効の行政行為の転換の理論**である。この無効（違法）行為の転換の許否については，判例は要件を厳しく解している。

1　誤り。当該行為の相手方の承諾云々は関係ない。
2　誤り。民法上の時効制度（144条，時効の効力）と趣旨は異なる。
3　正しい。上記解説を参照。例えば，死者を名あて人として農地買収処分がなされ，買収令書をその相続人が受け取った場合には，その相続人を名あて人とした処分であると見立ててその効力を維持するなどである（東京地判昭45.12.2）。
4　誤り。瑕疵の治癒は，行政の便宜から認められるものであるから，法治行政の原理からすると例外的なものである。
5　誤り。**無効行為の転換**も，**瑕疵の治癒**も，行政の無駄な手続の繰返しを避けるためになされてきたが，これをルーズに認めると，行政の便宜に偏る恐れがあるので，厳格に限定されるべきであるとしている（例：青色申告の更正処分，最判昭47.12.5）。

正解　3

Q35 行政行為の撤回──①

★★★

行政行為の撤回に関する記述として妥当なのは，次のどれか。

1 行政行為の撤回は，有効に成立している行政行為について，その成立に瑕疵があることが明らかとなったため，成立時に遡ってその効力を失わせるものである。
2 行政行為の撤回は，瑕疵なく成立した行政行為について，公益上その効力を存続させることができない新たな事由が発生したため，将来に向かってその効力を失わせるものである。
3 行政行為の撤回は，有効に成立している行政行為について，解除条件の成就などにより，将来に向かってその効力の失われたことを宣言するものであり，上級庁のみが撤回する権限を有する。
4 行政行為の撤回は，瑕疵なく成立した行政行為について，行政行為の相手方の死亡などにより自然にその効力が失われたため，将来に向かってその効力の失われたことを宣言するものである。
5 行政行為の撤回は，有効に成立している行政行為について，行政行為の相手方の義務違反などにより成立時に遡ってその効力を失わせるものであり，処分庁のみが撤回する権限を有する。

| 正解チェック欄 | 1回目 | 2回目 | 3回目 | A |

運転免許の取消し（道交法103条1項，2項）に代表される**行政行為の撤回**とは，一般に行政行為の成立には瑕疵はないが，行政行為の成立後，取消しをなすべき行政上又は公益上の必要が生じた場合（例：交通事故など），**行政行為の効力を将来に向かって失わせる新たな処分**のことをいう。

これに対して，**行政行為の取消し**とは，行政行為が法令に違反し又は公益に反するなどその成立の当初に既に瑕疵があった場合に，行政行為の効力を当初に遡及して失わせる処分のことをいう。

取消しと撤回の区別の概略を表にすると，次のようになる。

	遡及効の有無	取消（撤回）権者	法律の根拠	保障の要否
取消	有	①処分庁 ②上級庁 ③裁判所	不　要	無
撤回	無	処分庁だけ	争いあり ①法律の根拠を必要とする説 風俗営業法6条1項（許可証等の提示義務），古物営業法24条（営業の停止等），旅館業法8条，医薬品等に関する法律74条の2第1項など ②公益上の理由撤回は不要とする説	①相手方の違法行為に対する制裁としての撤回 　……不要 ②公益上の理由による撤回 　……原則必要

1　誤り。行政行為の撤回は成立時に遡って，その効力を失わせるものではない。
2　正しい。上記の説明通りの内容である。
3　誤り。撤回は，**処分庁だけ**がなし得るものとされている。上級庁のみが撤回する権限を有するという部分は正しくない。
4　誤り。行政行為の相手方の死亡などにより自然に効力を失う場合は，「行政行為の失効」といわれているから，撤回の説明としては正しくない。
5　誤り。1と同様の理由から誤っている。

正解　2

Q 36 行政行為の撤回──②

★★★

行政行為の取消し・撤回に関する記述のうち，正しいのはどれか。

1 撤回は取消しと呼ばれることもある。したがって，本来，両者は同一のものであり，その性質に相違はない。
2 行政行為の取消しは，行政行為が無瑕疵に成立した後に，将来にわたりその行為の効力を存続せしめ得ない新たな事情が発生したために，その効力を失わしめる目的で行われるものである。
3 行政行為の撤回をなし得るのは，当該行政行為をなした行政庁に限られ，その上級庁は，原則として撤回権を有しない。
4 行政行為の撤回の効果は，原則として，既往に遡る。
5 行政行為の取消し・撤回は，法律の規定がなければ行うことができないと解されている。

正解チェック欄　1回目　2回目　3回目　A

1 誤り。**行政行為**の**取消し**と**撤回**とは，その性質を異にする。その**決定的な差異**は，取消しが行政行為の原始的瑕疵を理由とするものであるのに対し，撤回が後発的事情を理由とするものである点にある。したがって，法律上，いろいろな点において差異がある。法令の上では，撤回が，取消し（風俗営業法26条1項，古物営業法24条，道交法103条など）と表現されることが多い。

2 誤り。行政行為の撤回についての説明である。

3 正しい。**行政行為の撤回**は，当該行政庁だけがすることができる。上級庁は，処分庁に撤回を命ずることはできるが，法律に別段の定めがない限り，撤回権を有しない。

　なお，**取消権**については，当該行政庁は明文の規定がない場合でも，取消権を有する。上級庁は，明文の規定（内閣法8条（中止権），自治法154条の2（所轄庁の処分の取消し及び停止）など）がない限り，取消権を有せず，ただ当該行為庁に対して取消しを命じ得るにとどまると解される。

4 誤り。撤回の場合は，将来に向かってのみその効果を生じる。**取消しの場合**は，原則として既往に遡る。ただし，取消しの原因が当事者の責に帰すべき場合のほかは，当事者の不利益のためには，原則として，既往に遡らないと解されている。

5 誤り。**行政行為の撤回**は，法律の規定の有無にかかわらず，公益上の必要があるときは，当該行政庁は原則として自由になし得る。ただし，国民に権利・利益を付与する行政行為の撤回は，原則として，これを許さないとされている。また，**行政行為の取消しは，法規違反又は公益違反を問わず，原則としてこれをなし得る。しかも，法の根拠があると否とを問わない。**

正解　3

Q 37 行政行為の撤回——③

★★★

学問上の行政行為の撤回についての記述として正しいのは，次のどれか。

1 撤回とは，解除条件の成就及び期限の到来などのように，一定の事実に基づいて，行政行為が当然にその効力を失うことをいう。
2 撤回は，行政行為の効力を将来にわたり失わせるものであるから，行政行為の相手方に何らかの帰責事由がある場合にのみ認められる。
3 撤回権は，原則として処分庁及び処分庁に対する指揮命令権を有する上級庁が行使できる。
4 撤回は，行政行為が争訟手続を経て行われるなど，確定力又はこれに準ずる効力を生じない限り自由に認められる。
5 撤回に際しては，権利又は利益を付与する行政行為については，公益上の必要がある場合においても，その財産上の損失について相当の補償を要する。

| 正解チェック欄 | 1回目 | 2回目 | 3回目 | A |

　撤回の場合には、**損失補償**（適法な公権力の行使による、特定の人の特別の犠牲（損失）を補塡する制度）の問題が出てくる。

　財産上の損失に対する補償が主なもので、補償は金銭によるのが原則である。例えば、**土地収用法**（第4章第3節、補償金の支払請求）に基づく公共事業のための私人の土地の収用に対する補償、**災害対策基本法**82条による労務の提供に対する補償がこれに当たる。国民に権利又は利益を付与する行政行為や行政行為の附款として**撤回権が留保**されている場合は、その撤回は、これを行使するだけの十分な客観的な理由がある場合に限定されるべきである。

　その撤回の必要が相手方の責に帰すべき事由によって生じた場合や撤回について相手方の同意がある場合を除いて、その撤回は許されず、もしそれでも撤回をするときには、撤回によって生じる不利益に対する財産上の損失に相当な補償を与えるべきであるとされている。

1　誤り。**撤回**とは、瑕疵なく成立した行政行為につき、公益上の効力を存続せしめ得ない新たな事由の発生により、将来にわたってその効力を失わせることである。**行政行為の失効**が一定の事実に基づいて当然にその効力を失うのに対して、**撤回**は行政庁の意思行為により消滅させる点で両者は区別される。

2　誤り。撤回できるのは、権利利益を受けた者がそれに伴う義務を履行しない場合のほか、その権利利益の実現が公益上不適当となった場合にも認められる。

3　誤り。撤回権者は、別段の定めのない限り行為者たる処分庁である。

4　誤り。国民に権利を与え、又は義務を免ずる行為の撤回は、公益上必要な場合及び必要な限度に限る。

5　正しい。日本国憲法29条（財産権）の趣旨からいって、その通りであると考えられる。

正解　5

Q38 行政行為の附款——①

★★★

「行政行為の附款」に関する次の記述のうち妥当なものはどれか。

1 行政行為の附款とは，行政行為の効果を何らかの形で制限するために，主たる意思表示に付加される従たる意思表示である。

2 行政行為の附款には「条件」「期限」「負担」「取消権の留保」の4つの種類がある。

3 「条件」は，特許，許可，認可などの行政行為の相手方に対し，主たる意思表示に付加して，特定の義務（作為，給付，不行為）を命ずることである。

4 附款を付し得るのは，法律行為的行政行為と準法律行為的行政行為に限られる。

5 行政行為の附款が無効であれば，行政行為そのものも直ちに無効となる。

| 正解チェック欄 | 1回目 | 2回目 | 3回目 | **A** |

1 正しい。**行政行為の附款**の「附款」の語は実定法上の用語ではない。行政行為の附款は，行政行為の効果を何らかの形で制限するために，主たる意思表示に付加される従たる意思表示である。したがって，例えば「建築は許可する。ただし，危害防止柵の囲いを作らなければならない」という**「ただし」書の部分**のことを「行政行為の附款」といっている。

2 誤り。この行政行為の附款の種類には，**「条件」「期限」「負担」「取消権の留保」「法律効果の一部の除外」** などがある。

　「条件」というのは，例えば「将来，砂利会社の設立の登記をすることを条件として砂利採集という河川の使用を許可する」というような場合のことをいう。なお，法令上「条件」とされるものも，その実質は「負担」であることが多い。

3 誤り。条件ではなく，**「負担」**に関する記述である。負担は許可や特許などの授益的行政行為をするに当たり，相手方に特別の義務を命ずる意思表示である（例：道路の占用許可に当たり，占用料の納付を命ずることなど）。

4 誤り。「附款」を付し得るのは，法律行為的行政行為（命令的行為，形成的行為）に限られる。準法律行為的行政行為は，その行われようとする行為そのものが適法行為であるので，附款を付すことは，附款の本質に反し，できない。例えば，準法律行為的行政行為の1つである**「受理」**があり，婚姻届などは，婚姻そのものに行政庁が干渉し，制限することはできない。

5 誤り。**行政行為に付された附款**が，法令に違反し，附款の本質に反し，違法で無効であるような場合には，その主たる意思表示たる行政行為の効力が当然に無効になるのか否かが問題となる。

　この場合には，もし，その行政行為の附款を付すことができないとすれば，その行政行為をしなかったであろうことが客観的に認定され得るような場合には，その附款が無効であれば，その行政行為そのものも無効とならざるを得ない。

正解 1

Q 39 行政行為の附款——②

★★★

行政行為の附款に関する記述として妥当なのは，次のどれか。

1 附款は，主たる意思表示に付加するものであるため，附款を付すことのできる行為は法律行為的行政行為に限られる。
2 附款は，主たる意思表示に付加するものであるため，附款が違法であっても，当然附款の取消しを求めて抗告訴訟を提起することはできない。
3 附款は，従たる意思表示に過ぎないため，附款の種類は条件及び負担に限られる。
4 附款は，従たる意思表示に過ぎないため，附款が違法であっても，当該附款について執行停止を求めることはできない。
5 附款は，行政行為の効力を補充するものであるため，附款が無効なときは当該行政行為は取り消し得るものとなる。

正解チェック欄 A

1 正しい。行政行為の目的実現をより適切に図るため、行政が弾力的に対応することを可能にする手段が**附款**である。つまり**附款**とは、行政行為の効果を制限したり、あるいは特別な義務を課すために、主たる意思表示に付加される行政庁の従たる意思表示をいう。

附款は意思表示であるので、その性質上、法律行為的行政行為にのみ付すことができる。また、附款は次の2つの場合は付すことができる。

① **法令が附款を付すことを認めている場合**（法定附款―河川法90条、道路法34条、都市計画法79条、道交法91条、風俗営業法3条2項）

② **行政庁に裁量権が認められている場合**（裁量行為）に、行政庁の意思に基づいて付す場合

2 誤り。附款が違法で取り消し得べきものである場合、附款だけの取消しを求め、また、その附款の執行停止を求めて訴訟を提起することができる。

3 誤り。附款の種類には、条件、期限、負担、取消権（撤回権）の留保、法律効果の一部除外がある。

4 誤り。**附款が限界**を超えて違法・無効とされた場合、本体たる行政行為の効力はどうなるのか。1つは、附款が行政行為の本質的要素である場合には、附款が無効であれば、行政行為全体が違法・無効となる。

2つには、附款が行政行為の本質的要素でない場合には、附款のみが無効となり、附款の付かない行政行為として有効である。

5 誤り。**附款が無効**である場合、附款が行政行為の重要な要素であるときは行政行為全体が無効となり、重要な要素でないときは附款だけが無効で、行政行為は附款の付かない行為として存続する。

正解 1

Q40 行政行為の附款──③

★★★

行政行為の附款に関する記述として正しいのは，次のどれか。

1 附款は，行政庁の自由裁量を認められた裁量行為だけではなく，覊束行為にも付すことができる。
2 附款は，行政行為の追求する目的に関連して付されるものであるが，その目的の範囲を超えるものも適法である。
3 附款が，行政行為の重要な要素をなしているときは，附款が無効であれば，その行政行為自体も無効である。
4 附款は，行政行為に付随するものであるから，これに違反しても刑罰を科されることはない。
5 附款は，法律行為的行政行為だけではなく，確認，公証等の準法律行為的行政行為にも付すことができる。

正解チェック欄 　1回目 　2回目 　3回目 　A

1 誤り。附款（ふかん）を付し得るのは，それを法令自身が認めているか（**法定附款**という。例：国家公務員の任用における「条件附任用期間」の6か月（国公法59条，地公法22条）など），あるいは，一定の行為をするかどうか，どういう場合にどういう行為をするかについて，法令が行政庁の自由裁量を認めている場合に限る。

2 誤り。その行政行為の目的に照らし，必要な限度を超えて付された附款は違法である。

3 正しい。附款を付さなければ本体たる処分をしなかったと思われるほど，附款が行政行為の重要な要素をなしているときは，附款が無効であれば，行政行為も無効となる。なお，附款が重要な要素でないときは附款だけが無効で，行政行為は附款の付かない行為として存続すると解されている。

4 誤り。**行政刑罰**は，行政法上の義務違反者を処罰することによって行政上の目的を達成しようとするものであり，附款に違反した場合刑罰を科するかどうかは附款の内容，その目的等によって別に定められる。

5 誤り。①**確認**―当選人の決定（公選法95条以下），市町村の境界の裁定（自治法9条），河川区域の認定（河川法6条など），②**公証**―選挙人名簿その他の公簿への登録（公選法19条，42条など），各種の証明書，鑑札，免状などの交付等，③**通知**―納税の督促（国税通則法37条），事業認定の告示（土地収用法16条）など，④**受理**―請願書，各種の申請書，届出書（請願法5条，戸籍法34条，48条），その他不服申立書，訴状の受理などの準法律行為的行政行為は，意思表示以外の精神作用の発現を要素とするもので，附款を付す余地はない。

正解　3

Q 41 行政行為の附款——④

★★

行政行為の附款に関する次の記述のうち,正しいのはどれか。

1 附款は,行政行為の主たる意思表示に付加される従たる意思表示であるから,行政庁のすべての行政行為に付することができる。

2 附款は,法令に附款を付することができる旨の根拠もなく,また,行政庁が法律上の一定の要件の下に一定の行為をなすべきことを義務付けられている場合でも,行政庁の自由裁量により付することができるところにその特色がある。

3 附款は,具体的な行政行為の目的に照らし必要な限度にとどまらなければならないとされているが,この限度については必ず法律に明示されていなければならない。

4 附款が,具体的な行政行為の目的に照らし必要な限度を超える違法なものである場合でも,その違法であることが確認されるまでは,その行政行為は有効な附款付の行政行為と見るべきである。

5 附款の効力は,行政行為の効力に影響を及ぼすが,附款が従たる意思表示であるところから,たとえ無効の附款が付された行政行為であってもそれは常に有効である。

| 正解チェック欄 | 1回目 | 2回目 | 3回目 | A |

1 誤り。附款は，法令上の根拠がある場合又は行政庁の意見に基づく自由裁量が認められる場合にだけ可能である。
2 誤り。行政庁が，具体的な事案に対して法律を適用する場合，行政庁は最初に①**事実認定を行い**，②**認定された事実に法律に定められた要件（要件法規）を当てはめ**，③**一定の行為（法律効果）を導き出す**という過程をたどることになる。その際，法律がどのような要件の下においてどのような行為（法律効果）をなすべきかという要件と効果の両面について，「未成年者」とか「100分の8の税率」（消費税法・地方税法）のように，一義的に明確な規定を設けている場合，行政庁はこの法律の規定を単純に執行するだけであり，行政庁は法律に「羈束」されていることになる。このような羈束行為については，行政庁の意思によってその効果を制限できないと解されるから，附款を付することはできない。
3 誤り。附款は，具体的な行政行為の目的に照らして必要な限度にとどまらなければならないが，法律に明示される必要はない。
4 正しい。**附款が違法な場合**に，それが無効であるか取り消し得べきものであるかは，行政行為の無効と取消しとの区別に準じて考えてよい。附款も行政行為の一部であるため公定力を有しており，違法であっても一応，有効なものとして扱われる。したがって，例えば，**附款に不服のある者**は，附款が行政行為の本体と分けられる場合（あまり重要でない負担の場合など）には，行政行為の一部の取消しを求める争訟を提起して附款の全部又は一部の取消しを求めることができる。それが違法であると確定されるまでは，その行政行為は**有効な附款付きの行政行為**とみられる。
5 誤り。**行政行為の要素**をなすとき，もしその附款がなければ，その行政行為はなされなかったであろうということが，客観的に認定され得るようなときは，行政行為も無効となる。

正解 4

Q42 行政行為の附款——⑤
★★

下記は，行政行為の事例であるが，行政行為の附款としての「解除条件」が付されているものがあるとすれば，次のどれか。

A 平成28年7月13日から工事完了の日までという条件を付して，道路の占用を許可する。

B 条例に規定された所定の占用料納付を条件として，道路の占用を許可する。

C 体育館の使用を許可する際に，周囲に迷惑をかけるなど，公益上必要があるときは，いつでも許可を取り消し得るという条件を付して，体育館の使用を許可する。

D 公益上必要があるときは，無償で原状回復しなければならないという条件を付して，河川の使用を許可する。

E 会社の設立登記を条件として，河川区域内の土地において砂利採取を許可する。

1 なし
2 A
3 AとB
4 CとD
5 CとDとE

正解チェック欄　A

　附款を付することが許されるのは，**法令自身が附款を付することを認めている場合**（国公法5条，鉱業法60条），**法令が行政庁の自由裁量を認めている場合**に限られる。

A　「平成28年7月13日から工事完了の日まで」という条件は，道路占用許可に将来到来することの確実な始期及び終期を付したもので**「期限」**である。

B　占用料納付の条件は，道路占用を許可された者に特別の義務を命じるもので**「負担」**である。負担は，主たる意思表示に付随して，行政行為の相手方に対し，特別の義務を命ずる意思表示をいう。道路の占用の許可に当たり，一定額の占用料の納付を命ずる場合を指す。この義務の不履行については，行政行為の撤回などがあり得るが，義務の不履行によって，当然にその行為の効力が消滅することはない。

C　公益上必要があるときは，いつでも許可を取り消すという条件は，主たる意思表示に付加して特定の場合に行政行為を取り消し得べき権利を留保するもので**「取消権(撤回権)の留保」**である。

D　「無償で原状回復をしなければならない」という条件は，相手方に特別の義務を命じるもので**「負担」**である。

E　「会社設立の登記」は将来の不確実な事実であり，砂利採取の許可をその事実の成否にかからしめているので**「停止条件」**である。

従ってA～Eはいずれも「解除条件」付きの行政行為ではない。

　このように，条件とは，行政行為の効果(力)の発生・消滅を将来発生することが不確実な事実にかからしめる意思表示をいう。なお，条件成就により当然にその効力が生ずる**停止条件**（例：会社の成立を条件として発起人に流水占用を許可する，河川法23条，90条）と，条件成就により当然にその効力を失う**解除条件**（例：工事が完成するまで道路を通行禁止とする）がある。

正解　1

Q43 行政立法──①法規命令

★★

法規命令に関する記述として正しいのは、次のどれか。

1 法規命令は、国民の権利義務に関する定めではなく、行政の内部的関係に関する定めで、国民に対する直接の法効果を有しない規定である。

2 法規命令は、行政官庁の権限内の事項に関して定められるが、法律に根拠がなくても、当然に行政官庁の命令制定権そのものを、下級行政官庁に委任することができる。

3 法規命令は、それを発した行政官庁が廃止された場合、当然に失効するものではなく、当該事項が他の官庁の権限事項として存続する限り、その権限を有する官庁の命令として効力を存続する。

4 法規命令には、原則として、特に法律の個別的・具体的な委任に基づくことなく、一般的・包括的な委任によって罰則を設けることができる。

5 法規命令は、形式上立法行為の性質を有するが、実質上は行政権の意思表示であって、法律と異なり外部に公布しなくても現実に拘束力が生じる。

| 正解チェック欄 | 1回目 | 2回目 | 3回目 | A |

1 誤り。**行政立法**（行政による規範定立）には，法規たる性質を有するもの，即ち国民の権利義務に関する**法規命令**と，法規命令たる性質を有しない**行政規則**がある。本肢の内容は，行政規則の説明である。
2 誤り。**命令制定権**は，正当の権限を有する行政官庁に専属するもので，当該命令制定権そのものの委任は許されない。
3 正しい。法規命令を発した行政官庁が廃止されても，当該事項が他官庁の権限事項として存続する限り，その権限を有する官庁の命令としてその効力を存続する。
4 誤り。**法規命令**には，法律の委任があれば，罰則を設けることができる。しかし，罰則を一般的，包括的に委任することはできず，個別的，**具体的に委任**した場合にのみ罰則を設け得る。
5 誤り。法規命令が有効に成立するためには，その主体，内容，手続及び形式のすべての点について，法の定める要件に適合することを要し，これを外部に表示（公布）することも要する。

正解 3

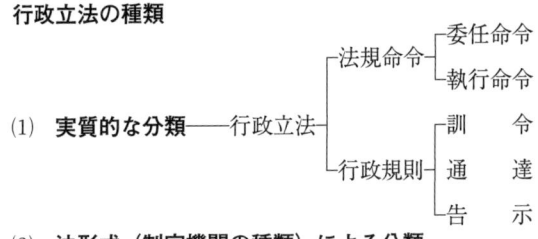

行政立法の種類

(1) **実質的な分類**──行政立法
  ├─法規命令─┬─委任命令
  │   └─執行命令
  └─行政規則─┬─訓　令
        ├─通　達
        └─告　示

(2) **法形式（制定機関の種類）による分類**
  ┌─行政立法─┬─政　令（憲法73条6号）
  │   ├─府省令（国家行政組織法12条）
  │   ├─外局規則（国家行政組織法13条）
  │   └─独立機関規則
  │   （会計検査院法38条，国公法16条1項）
  └─行政規則──訓令・通達・要綱・告示

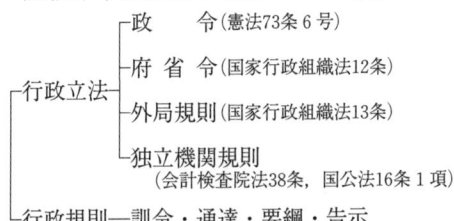

Q44 行政立法──②法規命令

★★

法規命令に関する記述として妥当なのは，次のどれか。

1 法規命令は，国会中心立法の原則に対する例外として認められているが，形式上は行政権の意思表示であるので，実質上も，原則として立法行為の性質を有してはいない。
2 法規命令は，法律の委任に基づき法律の補充的又は特例的な規定を定めるものであり，現行憲法の下では，法律を執行するため，行政権が執行命令を定めることは認められていない。
3 法規命令は，原則として罰則を設けることはできないが，法律が個別具体的に罰則を定めることをこれに委任した場合は，この命令に罰則の構成要件を定めることができる。
4 法規命令は，法律の委任に基づき法律の補充的又は具体的な規定を定めるものであり，現行憲法の下では，国民に利益を付与する場合に限って，行政権は独立命令を定めることが認められている。
5 法規命令は，行政権限の監督の方法として，上級行政機関が下級行政機関に対して発するものであり，その制定に当たっては，職権によりこれを行うことができ，法律上の根拠を必要としない。

正解チェック欄 1回目 2回目 3回目 A

法律による行政の原理の許では，国民の権利義務に関する法規は，原則として国会が制定する法律の形式によるべきである。しかし，①行政に関する立法の量的増加，②立法内容の専門化・技術化，③情勢変化への適応性の必要などから，法律では一般的・抽象的な根拠，基準を定めるにとどめ，その具体的・実質的な内容は行政立法に委任する例が増加してきたのである。日本国憲法73条6号（政令の制定）や内閣法11条（政令の限界），国家行政組織法11条～13条（行政機関の長の権限）は，当然に行政立法の許容性を前提とした規定と解される。

しかし，**行政立法**は，行政権による専断を防ぐ見地から**「法律による行政」の原則**の制約を受ける。現行憲法(41条)は，国会を唯一の立法機関とし，行政立法を著しく制限している。法規命令は，法律の委任に基づく委任命令又は法律を執行するための執行命令に限られる。

1 誤り。**行政権**が，法条の形式をもって一般抽象的な法を定立する行為を行政立法という。その中で，直接，国民の権利義務に関する法規の性質を持つものが法規命令である。法規命令は，国会中心立法の原則に対する例外として認められているものである。

2 誤り。日本国憲法は，**73条6号**で「この憲法及び法律の規定を実施するために，政令を制定すること。」と規定し，行政権が執行命令を定めることを認めている。

3 正しい。日本国憲法**73条6号ただし書**は，「政令には，特にその法律の委任がある場合を除いては，罰則を設けることができない。」と規定している。したがって，**法規命令**に，法律が個別具体的に委任した場合には，罰則を設けることはできると解される。

4 誤り。**独立命令**は，法律から独立して発せられる命令であり，現行憲法の下では，一切認められない。

5 誤り。これは，行政立法の中で，法規たる性質を有しない行政規則のうち**訓令・通達**の説明である。

正解 3

Q 45 行政立法──③行政規則

★★

法規命令又は行政規則に関する記述として妥当なのは，次のどれか。

1 法規命令は，国会を唯一の立法機関とする憲法の要請から，委任命令と独立命令に限られ，法律を実施するための執行命令は含まれない。
2 法規命令は，法律より独立して発せられる命令であり，法律の授権がなくとも規制の対象や罰則を定めることができる。
3 法規命令は，その主体，内容，手続，形式が法の定める要件に適合していれば，公布を必要とせず有効に成立し効力を発する。
4 行政規則は，行政権の定立する一般的な定めで，法規の性質を持たないものをいい，その例として，行政事務の配分に関する規定がある。
5 行政規則は，上級行政機関が下級行政機関の権限行使について指揮監督するために発する命令であり，その例として，通達や地方公共団体の条例がある。

| 正解チェック欄 | 1回目 | 2回目 | 3回目 | A |

1 誤り。**法規命令**とは，国民と国家の間の権利義務関係を規定する性質を持つ命令である。その性質は，国会を唯一の立法機関とする日本国憲法の要請から，法律の委任を受けた委任命令と，法律の執行を目的とする執行命令に限られている。なお，明治憲法下では，天皇に「勅令」という形式で立法権が認められていた。**緊急勅令**と**独立命令**とがあり，天皇は国会の承認や法律の委任がなくても，これらを発することができた。なお，現在は認められていない。

2 誤り。上述の通り，法規命令とは，「法規」を内容とする行政立法，即ち，国民に義務を課し又は権利を制限する命令をいう。法律の委任（授権）がなければ行政機関はこれを定立できず，また，制定された命令は，官報などで公布・施行されて効力を生ずる。

3 誤り。公布及び施行期日到来が発効の要件である。

4 正しい。**行政規則**とは，行政機関が行政組織の内部の組織のあり方や事務処理手続（事務の配分の規定も含む）などについて定めた，法規の性質を持たない命令をいう。行政規則の定立は行政権に当然に伴う権能であり，法律の授権を必要としない。また，法規命令のように政令・省令といった正規の命令の形式をとる必要はなく，公布はその効力発生の要件ではない。行政規則には，訓令・通達・告示，各種の要綱，各種裁量基準（審査基準，処分基準，行手法5条，12条）などがある。

現実の行政は，通達に依拠して行われることが多く（いわゆる**「通達行政」**），法規としての性格を有しないと言いきってよいか，その効力をめぐって問題が生ずることも少なくない。

5 誤り。**地方公共団体の条例**は，基本的に住民と地方公共団体との間の権利義務を定めた法規たる自治立法である。

正解 4

Q 46 行政指導——①

★★★

行政指導に関する記述として妥当なのは，次のどれか。

1 行政指導は，行政庁が一定の行政目的を達成するために，助言，指導といった非権力的手段で国民に協力を求めて働きかける事実行為である。
2 行政指導は，規制的指導と助成的指導とに大別されるが，規制的指導については法律により文書で行わなければならないこととされている。
3 行政指導は，法律の根拠がなくても，建築指導要綱や宅地開発指導要綱など行政庁の内部規範に基づいて行われた場合には公定力を有する。
4 行政指導は，法律の優位の原則に服さないので，行政指導に従って行った行為が実定法に違反する場合には，その行為の違法性を阻却する効力を有する。
5 行政指導は，各省庁設置法などの組織法を根拠として行われる行政処分であるから，具体的な法律の根拠がなくても，抗告訴訟の対象となる。

| 正解チェック欄 | 1回目 | 2回目 | 3回目 | **A** |

　行政庁（行政機関）が一定の行政上の目的を達成するために，国民に対して，**助言，指導，指示，勧告，斡旋，警告，要望**などの**非権力的手段**を用いて，意図する方向へ国民を誘導する事実上の作用をいう。行政指導は，行政行為や行政強制のような権力的行政手段によるよりも臨機応変に問題に対応でき，円滑かつ効果的に所期の行政目的を達成できるため，従来から行政実務上重要な役割を果してきた。

1　正しい。**行政指導**とは，行政庁が，勧告・助言・指導といった非権力的な手段で国民に働きかけ，国民を誘導して，行政庁の欲する行政をなさしめ，一定の行政目的を達成しようとする事実上の行為をいう。

2　誤り。**行政指導**には，その目的・機能により，**①助成的**（例：保健所の健康相談，税務署の税務相談，福祉事務所の福祉相談など），**②調整的**（例：自治体が，マンションの建築主と周辺住民との間で生ずる日照権紛争解決のために行う指導など），**③規制的**（例：建築基準法違反の建物に対する警告，独禁法違反の行為者に対する勧告など）の3種類がある。

3　誤り。事実上の作用であって，行政行為には当たらないので，公定力を有することはない。

4　誤り。**行政指導は，特定の国民に対して一定の作為・不作為を求めることなので**，それに従ったからといって違法性が阻却（退けること）されることはない。たとえ違法な行政指導であっても，国民がいったん従ってしまうと，法律上は自発的に従ったと受けとられ，後日，指導の違法を争うことは困難になる。サービス行政の分野でも，例えば，税務相談に関する指導が誤っていたため，それに従ってした申告が過小申告となって，加算税（原則10％，国税通則法65条）の対象にされるといった場合などがある。

5　誤り。行政指導は，相手方に対する拘束力を欠いていると考えられ，抗告訴訟の対象たる**「公権力の行使」には該当しない**。

正解　1

Q47 行政指導——②

★★★

行政指導に関する記述として妥当なのは，次のどれか。

1　行政指導は，本来，相手方の同意や協力を求めて行政機関の意図する結果を実現しようとする行政機関の行為であり，行政行為とは区別され，法的拘束力を持たないとされる。

2　行政指導は，相手方に何らかの受益を与える助成的行政指導と，相手方の行為を規制する規制的行政指導に分けられ，営農上の作付指導などは規制的行政指導に当たるとされる。

3　行政指導は，本来，権力的な行政活動であり，行政事件訴訟法上の行政庁の処分その他公権力の行使に当たるので，抗告訴訟の対象になるとされる。

4　行政指導は，相手方に対して，その行政指導の趣旨，内容及び責任者を明確に示して行うものとされ，必ず公文書で行わなければならないとされる。

5　行政指導は，本来，事実行為であるので，法律の根拠は全く必要とされず，また行政指導の内容は，その行政機関の任務又は所掌事務の範囲でなくてもよいとされる。

正解チェック欄　　A

1 正しい。**行政指導**とは，行政庁（行政機関）が一定の行政目的を達成するために，その所掌事務に属する事柄について，助言，指導，勧告といった非権力的な手段で，国民に働きかけ，国民を行政庁の意図する方向へ誘導することをいう。その法的性格として，①**事実上の作用（事実行為）**であるので，相手方に法的義務を課するものではない。また，②**非権力的行為**であり，相手方の任意的協力を求めるものであるから，指導に従わない場合でも行政罰が科せられない。

　ただし，法律に根拠を持つ行政指導で，指導（指示）に従わない場合は，その事実の公表や給付の停止などの制裁を法律が予定していることがある。つまり，**行政指導**は，通例は法令上根拠のない事実上の行政手段であるが，法令上根拠のあるものがある。例えば，**指導**（生活保護法27条1項），**助言**（都市計画法48条），**勧告**（大気汚染防止法5条，15条等），**警告**（警察官職務執行法4条1項）などである。なお，行政指導については，行政手続法に実体及び手続面での規律の一般的原則が定められている。

2 誤り。**助成的行政指導**（例：農業上の作付指導，住民の健康相談，中小企業者への経営指導，税務相談など国民へのサービスとして行われる）に当たる。

3 誤り。行政指導とは，本来，相手方の同意や協力を求めて行政機関の意図する結果を実現しようとする非権力的行為であり，**抗告訴訟の対象にならない**とされている。

4 誤り。必ずしも文書による必要はなく，口答でもよいとされる。

5 誤り。行政指導は**事実行為**であるため，行政作用法上の法律の根拠は必要とされていない。しかし，当該行政機関の任務又は所掌事務の範囲を逸脱してはならない。

正解　1

Q48 行政契約——①
★★

行政主体をその一方又は双方の当事者とする契約を広く行政契約と解した場合における行政契約に関する記述として妥当なのは，次のどれか。

1 行政契約は，対等の当事者間における同一方向の意思表示の合致によって成立する行政上の行為形式であり，例として地方公共団体の組合の設立が挙げられる。

2 行政契約は，対等の当事者間における同一方向の意思表示の合致によって成立する行政上の行為形式であり，この契約には私法規定の適用が排除される。

3 行政契約は，対等の当事者間における反対方向の意思表示の合致によって成立する行政上の行為形式であり，例として地方公共団体の事務委託が挙げられる。

4 行政契約は，行政主体が行政目的達成のためにその優越的地位に基づいて行う行為形式であり，例として法的拘束力のある公害防止協定が挙げられる。

5 行政契約は，行政主体が行政目的達成のためにその優越的地位に基づいて行う行為形式であり，この契約に関する訴訟には行政事件訴訟法の適用が排除される。

行政過程における行政形式 —— 97

| 正解チェック欄 | 1回目 | 2回目 | 3回目 | A |

行政契約とは，行政主体が行政目的達成の手段として締結する契約をいう。行政契約は，合意に基づくという点で行政の非権力的な行為形式の1つである。これまで行政契約は，国又は公共団体（行政主体）が締結する契約のうち，公法上の効果の発生を目的とするものとされていた。しかし最近では，行政主体が，行政目的達成のための手段として締結する契約を意味すると解されている。

1 誤り。**行政契約**は，対等の当事者間における反対方向の意思表示の合致によって成立する行政上の行政形式であり，同一方向の意思表示の合致によって成立するのは，**合同行為**である。

2 誤り。物品の購入などの契約の場合には，民法などの私法が当然に適用される。また，信義誠実の原則など法の一般原理を示すものや民法の期間に関する規定など法の技術的約束を示す私法規定は，原則として行政契約に適用されると解される。

3 正しい。他の**行政契約の例**としては，地方自治法の定める各種の協議（同法252条の14〜252条の16）や普通財産の貸付け（同法238条の5），公共団体への公の施設の設置，管理及び廃止（同法244条の2第3項）等がある。また，行政主体間の契約の例として，地方公共団体相互間における境界地の道路や河川の管理費用の負担に関する協議（道路法54条，河川法65条）が，行政主体と私人との間の契約の例としては行政主体の補助金を交付する契約（児童福祉法56条の2，56条の3，生活保護法74条）などがある。

4 誤り。前段は行政行為の説明である。なお，地方公共団体が事業者と締結する公害防止協定や開発協定は，**規制行政の手段に関わる契約（協定）**である。

5 誤り。行政事件訴訟法4条は，「公法上の法律関係に関する訴訟」として**当事者訴訟**（公務員の地位確認のための訴えなど）を認めている。これは，当事者が対等な立場で権利関係を争う訴訟である。Q99参照。

正解　3

Q 49 行政契約——②

★★

行政主体をその一方又は双方の当事者とする契約を，広く行政契約と解した場合における行政契約に関する記述として妥当なのは，次のどれか。

1 行政契約は，行政目的実現のために行う対等の当事者間の同一方向の意思表示の合致によって成立する行政上の行為形式であることから，この契約には民法及び商法の規定は適用されない。
2 行政契約は，行政目的実現のために行う対等の当事者間の反対方向の意思表示の合致によって成立する行政上の行為形式であることから，この契約に関するすべての訴訟には行政事件訴訟法の規定は適用されない。
3 行政契約は，行政目的実現のために行う対等の当事者間の同一方向の意思表示の合致によって成立する行政上の行為形式であることから，行政主体は相手方が義務を履行しない場合は，行政上の強制執行を行うことができる。
4 行政契約は，行政目的実現のために行う対等の当事者間の同一方向の意思表示の合致によって成立する行政上の行為形式であることから，行政主体は法律の根拠がある場合に限り，この契約を締結することができる。
5 行政契約は，行政目的実現のために行う対等の当事者間の反対方向の意思表示の合致によって成立する行政上の行為形式であることから，この契約には契約の自由が制限される場合がある。

| 正解チェック欄 | 1回目 | 2回目 | 3回目 | A |

1 誤り。**行政契約**には，原則として民法・商法が適用されるが，契約の目的・内容の公共性・公正性・平等性の見地から，私法とは異なる考慮を要するとされている。また，「行政契約」は，対等の当事者間における意思表示の合致により成立する点で「行政行為」と区別される。

2 誤り。行政契約についての争いは，行政事件訴訟法4条の「公法上の法律関係に関する訴訟」としての**当事者訴訟**をもって，争うことができる。

3 誤り。行政契約は，複数の対等の当事者間の同一方向の意思表示の合致によってではなく，**当事者の反対方向の意思の合致**によって成立する。また，法律の定めがあれば，強制執行をなし（健康保険法172条，保険料の繰上げ徴収），行政罰を課し，公益を理由とする解除権を行使できる。

4 誤り。**行政契約**の例としては，**行政主体相互間の契約**として，市町村相互間の学齢児童の教育事務の委託契約（学校教育法31条，体験的学習活動）や，事務の委託，道路・河川の管理費用の分担などがある。また，**行政主体と私人間の契約**の例としては，市町村と電気・ガス会社との報償契約がある。これは，法律に根拠のないもので，市町村が電気・ガス会社に道路・橋梁の占用料をとらない特権を与える代わりに，ガス会社は報償金（売上げ等の一定割合）を市町村に納付するという契約である。

5 正しい。私法上の法律関係には，契約自由の原則が認められるのに対し，行政契約は公共的性格を持っているため，契約の作用する範囲が限定される。給付行政上の行政契約は，しばしば**附合（従）契約**（行政主体によって提示される契約内容は画一的・定型的）の形をとり，また，「正当な理由」なく契約の申込みを拒否できない等（給水義務：事業者に契約の締結を強要する，水道法15条1項）がある。

正解　5

Q50 行政計画

★★

行政計画に関する記述として妥当なのは，次のどれか。

1　行政計画は，行政作用により決定される行政目標ないしその達成手段であって，その策定には必ず法令の根拠が必要とされる。
2　行政計画は，直接国民生活に与える影響が小さくないので，その策定過程には必ず議会の審議が必要とされる。
3　行政計画は，国民には行政立法と同様の強い法的拘束力を持つが，行政内部では通常，何らの規範性も持ち得ないとされる。
4　行政計画は，行政の指針を示したり，権利変動の抽象的な可能性を定めるにとどまるなど処分性を欠く場合は，通常，訴訟の対象とならない。
5　行政計画に不服がある場合，国民は一般に不服申立てをすることができるが，その相手方は当該計画を策定した行政庁でなく直近上級行政庁に限られる。

| 正解チェック欄 | 1回目 | 2回目 | 3回目 | A |

行政計画とは，行政が，総合的な視野の下で，将来の一定期間内に到達すべき目標を設定し，必要な諸手段を調整する作用をいう。

1 誤り。行政計画には，必ずしも法令の根拠を要しない。法律の根拠に基づく計画を**法制上の計画**，そうでないものを**事実上の計画**という。

2 誤り。行政計画は国民に対する実質的影響力が大きく，**計画策定権能は「第二の立法権」「第四権」**などと呼ばれることもある。この行政計画の重要性から計画に民意を反映させる仕組みが必要とされるが，議会の審議が絶対に欠かせないものではない。

3 誤り。行政計画は内部的な効果のほかに，国民を法的に直接拘束すると否とを問わず，実質的には民間活動を指導するガイドラインとしての意味を持っている。

4 正しい。**行政計画が違法**であると思われる場合に，利害関係人が行政訴訟を提起できるかについては，**抗告訴訟の訴訟要件（処分性）**に関わるものである。判例は次の通り。

「土地区画整理事業計画は，いわば事業の青写真に過ぎず，公告されても，直接特定個人に向けられた具体的な処分ではなく，また宅地・建物の所有者又は賃借人等の権利に具体的な変動を与える行政処分ではない。」（最判昭41.2.23）

このように，**行政計画に対する行政訴訟**（抗告訴訟）の提起を認めてこなかった。しかし，最近では，その特質に着目して行政計画にも処分性を認めるような判例が出されている。

「第二種都市計画再開発事業における再開発事業計画の決定は，その公告の日から，事業認定と同一の効力を生ずるものであり，土地所有者の法的地位に直接的な影響を及ぼすものとして，抗告訴訟の対象となる行政処分にあたる。」（最判平4.11.26）

5 誤り。**行政計画には一般に処分性がなく**，不服申立てはできないと考えられている。

正解 4

Q 51 行政手続法──①規制対象

★★

行政手続法が規制対象としている手続について述べた次のうち，誤っているのはどれか。

1 申請に対する処分及び不利益処分
2 命令等
3 行政指導
4 届出
5 行政契約

正解チェック欄　1回目　2回目　3回目　A

1 正しい。**申請に対する処分**とはいろいろな許可，認可，免許等の申請の処理をいかにわかりやすくスピーディーにしていくかということである。そのため許可，認可，免許等の審査基準や標準処理期間の設定，公表等が求められている(行手法5条～11条)。

2 正しい。平成17年改正法では，「命令等」の定義（同法2条8号）として，法律に基づく命令（処分の要件を定める告示を含む）又は規則，審査基準，処分基準及び行政指導指針を挙げている。したがって，**具体的事例に当てはめることを予定したルール(準則)ではなく，当てはめそのものを命令の形式で定めるもの**（例：河川法第4条第1項の水系を指定する政令（昭和40年政令第43号）など）まで含む。また，国民に対して，許認可等の取消し，営業停止など，その権利を制限したり義務を課したりする場合に，不利益処分の手続をわかりやすく，また，公正・公平にしていくためのものである。不利益処分をする場合，弁明手続（行手法13条1項2号），聴聞手続（同法13条1項1号），理由提示（同法14条）等が必要とされている。

3 正しい。行政指導のルールについて規定している。**第一に役所には分担事務というものがあり，その範囲を超えてはならないこと**(行手法2条6号，34条，35条1項・2項)，**第二に行政指導はそれに従うも従わないも自ら決することができること**（任意の協力が前提）（同法32条1項），**第三に行政指導に従わないからといって，不利益なことをしてはならないこと**(同法32条2項)がある。

4 正しい。届出は，ともすると受理するとかしないとかのわかりにくさが指摘されてきた。そこで行政手続法では，法令に定められた届出の形式上の要件が満たされていれば（例：記載漏れがない，必要な書類が揃っているなど），提出先とされている機関に届いたとき，届出の手続が完了するとしている（行手法37条）。

5 誤り。行政手続法には，行政契約の規定はない。

正解　5

Q52 行政手続法──②地方公共団体への適用

★

行政手続法の地方公共団体への適用について述べた次の記述のうち，妥当でないのはどれか。

1 地方公共団体の行政手続について，条例又は規則を根拠とする処分及び行政指導，地方公共団体の機関に対する届出並びに地方公共団体の機関が命令等を定める行為は適用除外とされている。

2 法律に基づいて地方公共団体に対して行われる「届出」についても，行政手続法は適用になる。

3 地方公共団体が行う処分，行政指導，届出にも，一部を除いて適用になる。

4 地方公共団体による行政指導については，適用除外となっているのは，主として国の画一的な法適用になじまないからである。

5 地方公共団体は，行政手続法の適用されない処分等につき，行政手続法の趣旨にのっとり，必要な措置を講ずるように努めなければならない。

| 正解チェック欄 | 1回目 | 2回目 | 3回目 | **A** |

1 正しい。行政手続法は、国の行政を直接の対象としており、地方公共団体の機関が行う条例や規則に基づく処分と行政指導、機関に対する届出並びに機関が命令等を定める行為には、同法6章の規定は適用されない(行手法3条2項)。

　その上で、同法46条は、地方公共団体に対し、命令等を定める行為に関する手続についても、行政手続法の規定の趣旨にのっとり、行政運営の公正の確保と透明性の向上を図るために必要な措置を講ずるように努めるよう義務付けている(**努力義務**)。

2 正しい。地方公共団体の機関が行う処分であっても法律に基づく処分であれば、行政手続法が適用される(**法的義務**)。同様に設問に示す「**届出**」(①意思表示-国籍離脱、婚姻の届出等、②通知行為-税法上の申告、出生届、死亡届等)についても適用になる。

3 妥当でない。①その根拠が条例又は規則に置かれている処分(「**申請に対する処分**」と「**不利益処分**」と届出)、②行政指導については**適用除外**となっている(行手法3条3項)。

　ただし、これらについても、地方公共団体は、行政手続法の規定の趣旨にのっとり、**行政運営の公正の確保**と**透明性の向上**を図るため、必要な措置(条例や規則の制定)を講ずるよう努めなければならないとされている(同法46条)。

4 正しい。**行政指導の手続が適用除外となっている理由は、①国の法律に基づくものとそうでない地方公共団体独自の条例等に基づく行政指導との区分が非常に困難であること、②行政指導はインフォーマルなものであり、そうであればある程、各地域の実情に応じた行政スタイルであること。なにより地方自治尊重の立場からである。**

5 正しい。行政手続法46条(地方公共団体の措置)には、同趣旨の規定がされている。このため、普通地方公共団体の99%以上が、行政手続法とほぼ同内容の行政手続条例を制定している。

正解　3

Q53 行政手続法──③申請に対する処分・不利益処分

★

行政手続法に定める「申請に対する処分」及び「不利益処分」について述べた次の記述のうち，誤っているのはどれか。

1 不利益処分の処分理由については，名あて人から求められれば，書面で提示しなければならない。

2 行政庁は，行政手続法に定める区分に従い不利益処分を行う場合，名あて人となるべき者について，意見陳述のための手続をとらなければならない。

3 行政手続法の申請に対する処分の規定が適用されるのは，申請人の側に法令上申請権がある場合である。

4 不利益処分とは，行政庁が，法令に基づき，特定の者を名あて人として直接義務を課し，又はその権利を制限するものである。

5 行政庁は申請が到達したときは，遅滞なく審査を開始しなければならない。

正解チェック欄 1回目 / 2回目 / 3回目   A

1 誤り。行政庁は，**不利益処分をする場合**には，その名あて人に対し，同時に不利益処分の理由を示さなければならない。ただし，当該理由を示さないで処分をすべき差し迫った必要がある場合は，この限りでない（行手法14条1項）。また，「不利益処分を書面でするときは……書面により示さなければならない」（同条3項）と規定している。

2 正しい。当該不利益処分の名あて人となるべき者については，意見の陣述のための手続をとらなければならないとしている（行手法13条）。

　また，**意見陳述**は，不利益処分の性質により，**「聴聞」**（同法15条～28条）と**「弁明の機会の付与」**（同法29条～31条）がある。

3 正しい。行政手続法の**申請に対する処分の規定**が適用されるのは，申請に対して行政庁に諾否の応答をすべきこととされている場合である（行手法2条3号）。

4 正しい。行政手続法2条4号の規定の通りである。もっとも，本号のただし書には，「名あて人となるべき者の同意の下にすることとされている処分」など4項目の除外事項はある。

5 正しい。行政手続法7条の内容の通りである。選択肢1の条文に引き続き，申請書の記載事項に不備がないこと，申請書に必要な書類が添付されていること，申請できる期間内であることなどの形式上の要件に申請が適合しないときには，補正を求めるか，申請の拒否をしなければならないとしている。

正解　1

Q.54 行政手続法——④平成26年改正

★★★

平成26年行政不服審査法の全面改正に伴い，行政手続法も改正施行（平成27年4月）された。新設された制度について述べた次のうち，妥当なものの組合せはどれか。

A 行政指導の担当者は，行政指導の内容を強制できるかのような態度をとってはならない。

B 行政指導の担当者は，指導の相手方に対し，指導の趣旨や内容，責任者を明らかにしなければならない。

C 行政指導の方式における規律の追加として，行政指導に携わる者は，当該行政指導をする際に，行政機関が許認可等をする権限又は許認可等に基づく処分をする権限を行使し得る旨を示すときは，その相手方に対して，当該権限を行使し得る根拠を示さなければならない。

D 法令に違反する行為（不作為を含む）の是正を求める行政指導であって，かつ法律に根拠のあるものの相手方は，その行政指導を中止することなどを請求できる。

E 法令に違反する事実を是正するための行政指導であって，かつ法律に根拠のあるもの（法定行政指導）であれば，何人でも，その実施を請求（行政指導実施請求）できる。

1 A，B
2 A，B，C
3 B，C，D
4 C，D，E
5 すべて妥当

| 正解チェック欄 | 1回目 | 2回目 | 3回目 | **A** |

行政指導は原則として不服申立ての審査の対象にはならないが，行政手続法上の申出制度は，行政指導についてもその対象としている。行政不服審査法では不十分な国民の権利救済手段を，行政手続法が補完・拡張していると考えられる。

A 妥当でない。行政手続法34条の内容通りであるが，本条は平成26年法律第70号により追加されたものではなく，それ以前のものである。

B 妥当でない。行政手続法35条1項の内容通りであるが，平成26年法律第70号による追加ではないので該当しない。なお，これらの事項につき，指導の相手方が書面にするよう求めた場合，担当者は，原則としてそれに応じなければならない（同法35条3項）。以下のC～Eが，平成26年改正で新設されたものである。

C 妥当。行政指導の担当者が，行政指導をする際に，許認可をする権限や許認可に基づく処分（許認可の取消しなど）をする権限の行使できる旨を示すことがある。この場合，当該担当者は，①**権限の根拠となる法令の条文を明らかにし，②その条文が定めるどの要件が③なぜ満たされるのかを明らかにしなければならない（行手法35条2項）。**

D 妥当。法令違反行為の是正を求める行政指導の相手方は，その行政指導が法律の要件に適合しないと考えるとき，その行政指導を行った行政機関に対し，行政指導の中止や他の必要な措置を行うよう求めることができる（行政指導の中止等の求め，行手法36条の2第1項）。

E 妥当。すべての人は，法令違反の事実があるにも関わらず，是正処分又は行政指導が行われていないと考えるとき，行政庁に対し，是正処分又は行政指導を行うよう求めることができる（処分等の求め，行手法36条の3第1項）。

正解　4

Q 55 行政手続法──⑤処分等の求め

★★

行政手続法36条の3（処分等の求め）について述べた次のうち，適切でないのはどれか。

1 法令に違反する事実を発見した場合に，行政庁に対して，それを是正するための処分を求める申出ができるのは，行政庁が一定の処分をなすべき旨を命ずることを求めるにつき法律上の利益を有する者に限られる。

2 「法令に違反する事実がある場合において，その是正のためにされるべき処分又は行政指導」のうち，法律の定めのあるものが対象となる。

3 この申出について調査を行い，必要性が認められるときは，行政庁は処分又は行政指導を行う義務を負う。

4 申出を受けた行政庁は，「必要な調査」を行い，「その結果に基づいて必要があると認めるとき」は，当該処分をしなければならないとされており，この部分が「非申請型の義務付け訴訟」に相当する。

5 平成26年の行政手続法改正で新設された第4章の2，その36条の3（処分等の求め）は，行政事件訴訟法が定める非申請型義務付け訴訟に対応する手続であると考えられ，行政に対して適切な権限の行使を促す効果を持つ。

| 正解チェック欄 | 1回目 | 2回目 | 3回目 | A |

1 **不適切。行政手続法36条の3第1項**には,「何人も,法令違反の事実がある場合,その是正のためにされるべき行政指導がされていないと思慮するときは,その旨を申し出て,行政指導をすることを求めることができる」という趣旨の規定がある。「法律上の利益を有する者」ではなく,**主体は「何人も」**である。

2 適切。行政手続法36条の3第1項に規定されている通りである。求めることができる対象は,処分又は行政指導である。ただし,根拠となる規定が法律に置かれているものに限る。

3 適切。行政手続法36条の3第3項の内容通りである。例えば,公害等の事実がある場合に,**直接の利害関係を持たない者でも,行政対応を促すことができる**のである。

4 適切。確かに,この部分(行手法36条の3第3項)が**「非申請型の義務付け訴訟」**[1]に相当すると言えるものの,行政庁には申出人に回答する義務はなく,行政庁が必要と認めた場合に対応するにとどまる。

5 適切。この規定が置かれることで,**「義務付け裁決」**[2]は,申請型が行政不服審査法,非申請型は行政手続法と分かれるものの,行政手続法のそれは主体が「何人も」となっているため,その趣旨が,行政庁の権限発動を促すことにつながるものと考えられている。

[1] 行政庁の職権でなされる一定の処分をするよう求めるもの(行訴法3条6項1号)。

[2] 行政訴訟における申請型義務付け判決に相当する(行服法46条2項)。審査庁が不作為庁である場合で,一定の処分をすべきと認めるときは,自ら当該処分を行わなければならない(同法49条3項2号)。

正解 1

Q56 行政代執行法——①

★★★

代執行は行政法上の義務の不履行に対して行われるものであるが，その対象となる義務は，次のどれか。

1 消毒方法の施行義務
2 医師の診療義務
3 予防接種を受ける努力義務
4 許可（建築確認）を受けないで一定の建築をしてはならない義務
5 薬剤師の調剤義務

行政の実効性の確保手段 —— 113

| 正解チェック欄 | 1回目 | 2回目 | 3回目 | A |

代執行は,「法律(法律の委任に基く命令,規則及び条例を含む。以下同じ)により直接に命ぜられ,又は法律に基づき行政庁により命ぜられた行為(他人が代わってなすことのできる行為(代替的作為義務)に限る)について義務者がこれを履行(りこう)しない場合(例:違法建築物の除却など),他の手段によってその履行を確保することが困難であり,かつその不履行を放置することが著しく公益に反すると認められるとき」(行政代執行法2条)に行政庁が自ら当該行為を行い,又は他人をして行わせることをいう。**代執行の対象となる義務**には,**法律によって直接命ぜられた義務**(火薬類取締法22条)と,**行政庁によって命ぜられた義務**(建築基準法9条ほか多数)の2種類がある。

1 正しい。消毒方法の施行義務(感染症法26条の3,27条)は,他人が代わって行い得る作為義務である。

2 誤り。医師の診療義務(医療法1条の4)は,他人が代わって履行し得ない。

3 誤り。予防接種を受ける努力義務(予防接種法8条)は,他人が代わって履行し得ない。

4 誤り。許可(建築確認)を受けないで一定の建築をしてはならない義務(建築基準法6条)は,不作為義務であり代執行の対象とはならない。

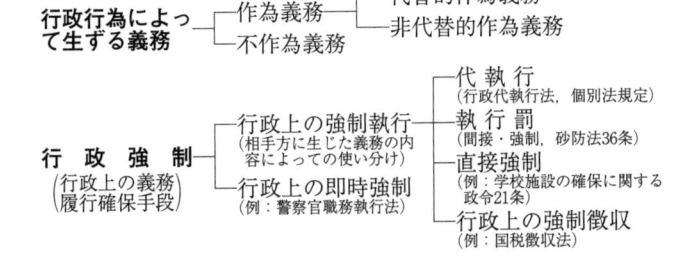

5 誤り。薬剤師の調剤義務(薬剤師法21条,23条)は,非代替的作為義務である。

正解 1

```
行政行為によっ ─┬─ 作為義務 ─┬─ 代替的作為義務
て生ずる義務    │            └─ 非代替的作為義務
                └─ 不作為義務

行政強制        ┌─ 行政上の強制執行 ─┬─ 代執行
(行政上の義務)   │ (相手方に生じた義務の│  (行政代執行法,個別法規定)
履行確保手段     │  内容によっての使い分け)├─ 執行罰
                │                    │  (間接・強制,砂防法36条)
                │                    ├─ 直接強制
                │                    │  (例:学校施設の確保に関する政令21条)
                │                    └─ 行政上の強制徴収
                │                       (例:国税徴収法)
                └─ 行政上の即時強制
                   (例:警察官職務執行法)
```

Q57 行政代執行法──②

★★

行政代執行に関する記述として正しいのは，次のどれか。

1 行政代執行は，義務の不履行に対して間接強制である執行罰を科した後において，なお義務の履行がなされない場合に初めて認められる手段である。
2 行政代執行は，義務不履行者のなすべき行為を行政庁が自ら行うことを要し，行政庁以外の第三者にその行為を行わせることはできない。
3 行政代執行の対象とされる義務は，法律により又は法律に基づき行政庁により命ぜられた義務のうち，他人が代わってなし得る作為義務に限られる。
4 行政代執行に要した費用は，すべて義務不履行者から徴収することができるが，その徴収については，民事上の手続で行わなければならない。
5 行政代執行に関して不服のある場合には，行政庁に対して審査請求を行うことができず，裁判所に対して直接救済を求めなければならない。

正解チェック欄　A

代執行とは，例えば，違法建築物の除却命令などのように，行政法上の義務の不履行に対して当該行政庁が自ら義務者のすべき行為をし，又は第三者にこれをさせてその費用を義務者から徴収することをいい，行政上の強制執行のうち最も代表的な手段である。

1　誤り。**執行罰**（砂防法36条のみ）は，代執行と同じ間接強制であるが，その対象は不作為義務又は非代替的作為義務であって，その義務が履行されない場合に，一定の金銭罰を科することにより間接的に義務の履行を促す制度である。

2　誤り。上述のように，**代執行**は，他人が代わって行うことのできる義務（代替的作為義務）の強制手続であって，行政庁ないし行政庁の指定する第三者が，義務者本人に代わって義務の履行を図り，それに要した費用を本人から徴収することをいう（例：違法建築物の除却命令に従わない場合の取壊しなど）。

3　正しい。**代執行の対象となる義務**は，行政代執行法2条によると，法律又は法律の委任に基づく命令，規則及び条例によって直接命じられた義務又は法令に基づき行政庁により命ぜられた義務でなければならない。また代執行の対象となる義務は，代替的作為義務，即ち，他人が代わって行うことのできる行為を行う義務に限られる。したがって，他人が代わってすることのできない義務（例：予防接種を受ける義務など）は代執行の対象とならない。

4　誤り。**代執行に要した費用**は，国税滞納処分の例により徴収することができる（行政代執行法6条）ものとされる。

5　誤り。行政代執行法に不服申立てを禁じる規定がなく，また，**一般概括主義**（行服法7条に挙げる12の除外事項を除いて，不服申立事項を限定しないこと）をとる行政不服審査法の除外事項にもなっていないので，同法2条に基づく審査請求ができる。

正解　3

Q58 行政代執行法——③

★★★

行政上の強制執行に関する記述として妥当なのは，次のどれか。

1 代執行は，代替的作為義務における義務の不履行がある場合において，他の手段によってその履行を確保することが困難であり，かつ，その不履行を放置することが著しく公益に反するときでなければ行うことはできない。

2 代執行は，代替的作為義務における義務の不履行がある場合において，当該行政庁が自ら義務者のなすべき行為を行うものであり，これに要した費用を義務者から強制徴収することはできない。

3 執行罰は，代替的作為義務における義務の不履行についてその履行を強制するために科する罰であり，義務の不履行が反社会性を有するものについて定められており，裁判所が刑事訴訟法の定めに従って科するものである。

4 執行罰は，非代替的作為義務における義務の不履行についてその履行を強制するために科する罰であり，義務の履行確保に実効性があるため広く認められており，例として道路交通法に基づく反則金が挙げられる。

5 直接強制は，目前急迫の障害を除く必要上，義務を命じる暇のない場合において，直接に国民の身体又は財産に実力を加えて行政上必要な状態を実現するものであり，例として国税徴収法に定める住居等の捜索が挙げられる。

| 正解チェック欄 | 1回目 | 2回目 | 3回目 | | A |

1 正しい。行政代執行法2条には「……義務者がこれを履行しない場合，他の手段によつてその履行を確保することが困難であり，且つその不履行を放置することが著しく公益に反すると認められるときは，……」とある。このように**代替的作為義務の不履行**があれば当然になし得るというのではなく，その要件が強く絞られていることに注意すべきである。

2 誤り。**代執行の費用**は，義務者本人に納付が命じられる。なお，義務者がこれを納付しないときは，国税滞納処分の例により，強制徴収される（国税徴収法47条）。

3 誤り。**執行罰**とは，他人が代わって履行できない義務（非代替的作為義務・不作為義務）についてその不履行があったとき，一定の期間を区切って督促し，それまでに義務を履行しないときは，一定額の**過料**を科すこととし，その心理的圧力によって義務の履行を確保しようとすること（間接強制）をいう。行政上の強制執行の一種であり，裁判所が科すものではない。

4 誤り。**執行罰**は義務の履行確保にあまり実効性がなく，同じ制裁金を科すのであれば，裁判所の判決によって刑罰として罰金を科す方が公正性の確保や実効性の点で適当と判断されたため，現行法は**砂防法36条のみ**で，執行罰の制度を原則的に廃止している。道路交通法125条以下に基づく反則金は行政上の制裁措置の一例である。即ち，行政罰の1つである**行政刑罰**は，刑法の定める刑罰であるので，行政刑罰の科罰手続については刑事訴訟法が適用になるが，**交通反則金制度**は道路交通法によるなど，その例外となっている。

5 誤り。**即時強制**の説明である。**直接強制**は行政上の強制執行の一種で，義務者の身体又は財産に実力を加えて義務の内容を実現するものである。しかし，執行罰と同様，現行法上は個別的法律（成田新法3条8項）でできる場合が定められ，一般的制度としては廃止されている。

正解　1

Q59 行政上の強制徴収

★★

行政上の強制徴収に関する記述として正しいのは，次のどれか。

1 行政上の強制徴収は，公法上の金銭債権の強制執行手段であり，法律又は条例に明文の規定がない場合にも，当然に国税滞納処分の例によることができる。

2 行政上の強制徴収が法律上明文で認められている公法上の債権については，民事上の強制執行の手段によるべきではないとされている。

3 行政上の強制徴収は，国や地方公共団体の金銭債権であっても，使用料，手数料等，私法上の債権と類似した公法上の債権の強制執行手段とはなり得ない。

4 行政上の強制徴収としての滞納処分と民事上の強制執行とは，法的な性質において同じであり，いずれも債務名義を必要とする。

5 行政上の強制徴収に対しては，不服申立てを行うことなく裁判所へ出訴することが認められており，その出訴期間も処分・裁決を知った日から1年以内と定められている。

| 正解チェック欄 | 1回目 | 2回目 | 3回目 | A |

1 誤り。**国税徴収法**は，本来，国税の強制徴収の手段を定めたものであり，法律又は条例に明文の規定がない限り，当然に，公法上の金銭債権の強制執行手段として国税滞納処分の例によることはできない。つまり，法律に「当該債権の徴収は国税滞納処分の例による」といった明文の規定がある場合に限られる（行政代執行法6条1項参照）。そのような規定がない場合に，当然に強制徴収が可能となるわけではない。

2 正しい。税金の納付のように，私人が行政主体（国又は地方公共団体）に対して金銭債務を負っていて，その債務の履行(りこう)がないときに，行政主体が民事上の債権者と同様，民事訴訟法の定める金銭債権についての強制執行によるということも政策論としては考えられる。しかし，わが国の法律は，簡易迅速に目的を達成するという公益性に立脚して行政権が，裁判所の手を借りることなく，独自に強制徴収することができる。即ち，**自力救済（自力執行）**が可能であるとした。これを行政上の**強制徴収**と呼んでいる。**国税徴収法**47条以下による国税滞納処分，地方税滞納処分が代表的なものである。その他，国税徴収法の準用規定の例（地方税法48条，331条，土地収用法128条5項など）がある。

3 誤り。地方自治法は，分担金・過料・使用料等私法上の債権と類似した公法上の債権について，行政上の強制徴収の手段により徴収することができるとしている（同法231条の3第3項）。

4 誤り。民事上の強制執行の場合と異なり，行政上の強制徴収としての滞納処分については，債務名義を必要としない。

5 誤り。**行政上の強制徴収**については，無効の場合を除き，一般に**不服申立前置主義**がとられ，また，その出訴期間も，原則として①処分・裁決を知った日から6か月以内，又は②処分・裁決があった日から1年以内と定めている（行訴法14条）。

正解 2

Q60 行政上の強制執行と行政罰

★

行政上の(A)強制執行と(B)行政罰とは，ともに行政上の義務の履行を確保するための手段として作用するものであるが，両者を比較した記述として正しいのは，次のどれか。

1 Aは行政上の義務の不履行が必ずしも前提にはならないが，Bは行政上の義務の不履行が前提となる。
2 Aには義務の履行があるまでは反復してなされるものがあるが，Bは同一の義務違反に対しては重ねて科することができない。
3 A及びBともに義務違反に対する制裁としての性質を有するが，同一の義務の不履行に対して両者を同時に科することができない。
4 Aは条例に定める義務の不履行に対し条例で定める種類の執行をなすことができるが，Bは条例では科すことができない。
5 Aは主として許可等の命令的な行政処分の履行確保に，Bは主として認可等の形成的な行政処分の履行確保に用いられるのが通例である。

正解チェック欄　1回目　2回目　3回目　**A**

1 誤り。**行政上の強制執行**とは、国民が行政庁の命令に従わず、違法状態が存在する場合に、命じられた義務内容を行政機関が国民の身体や財産に実力を行使して強制的に実現する方法をいう。このように、行政上の強制執行は、行政法上の義務の不履行を前提とする。一般法として制定されている行政代執行法及び国税徴収法に従って、あるいは個別の法律に特別の定めのある場合にはその定めに従って実施されねばならない。

2 正しい。**行政上の強制執行の手段である執行罰**は、将来に向かっての強制執行の手段であるから、義務の履行があるまでは反覆して科することを妨げない。これに対して行政罰は過去の義務違反に対する制裁であり、同一の義務違反に重ねて科することはできない。

3 誤り。**行政上の強制執行は、将来に向かって義務の履行を強制**することを主眼とするのに対し、**行政罰は過去の義務違反に対する制裁**たることを主眼とする。両者はその目的とするところを異にするから、同時に科することも妨げない。

4 誤り。**地方自治法14条3項**は、行政罰を科することを条例に一般的に委任（同法231条の3第2項など）している。

5 誤り。行政上の強制執行の手段には、代執行、執行罰（間接強制）、直接強制、強制徴収があるが、これらと行政罰との間に、設問のような履行確保についての区別はない。

正解　2

地方自治法14条3項

普通地方公共団体は、法令に特別の定めがあるものを除くほか、その条例中に、条例に違反した者に対し、2年以下の懲役若しくは禁錮、100万円以下の罰金、拘留、科料若しくは没収の刑又は5万円以下の過料を科する旨の規定を設けることができる。

Q.61 行政罰——①

★★

行政罰に関する記述として妥当なのは，次のどれか。

1 行政罰とは，行政刑罰と秩序罰とに大別されるものであり，行政法上の義務の違反に対し，制裁として科する罰をいう。

2 行政罰とは，行政法上の不作為義務又は非代替的作為義務の不履行に対し，その義務の履行を間接的に強制するために科する罰をいう。

3 行政罰とは，公務員の職務上の義務違反等に対し，公務員関係における秩序を維持するために裁判により科する処分をいう。

4 行政罰とは，行政法上の義務の不履行に対し，直接に人の身体又は財産に実力を加え，義務の履行があったのと同一の状態を実現する作用をいう。

5 行政罰とは，民法上の金銭給付義務が履行されない場合に，強制手段をもって，その義務の履行があったのと同一の結果を実現する作用をいう。

正解チェック欄　1回目　2回目　3回目　A

1　正しい。**行政罰**とは，車の左側通行義務違反のように行政法上の義務違反に対し，一般統治権（人が国又は地方公共団体の構成者の地位において，その統治に服する関係である。例えば，国の法や地方公共団体の条例により，刑罰が科せられたり，租税を徴収されたりする関係）に基づいて課する制裁をいう。**行政罰は，義務違反者に対し事後的に制裁を加えることによって，行政上の義務の実現を間接的に強制し，その確保を期するもの**であり，行政上の強制執行を補完する役割を持つものである。

　行政罰は**行政刑罰**と**行政上の秩序罰**の2種類に分かれる。行政刑罰は重い義務違反，行政上の秩序罰は軽い義務違反について用意されているといえる。

2　誤り。執行罰の説明である。現在は砂防法36条だけである。

3　誤り。懲戒罰の説明である。公務員の戒告や免職処分（地公法27条〜29条）などがある。

4　誤り。直接強制の説明である。感染症法などがある。

5　誤り。強制徴収の説明である。行政代執行法6条1項などがある。なお，行政刑罰とは，行政上の義務違反に対し科される刑法に刑名のある刑罰をいう。**行政上の義務違反の例としては飲酒運転，違法建築物の除却命令に対する不服従などがある。**刑法9条に刑名のある刑罰とは，死刑，懲役，禁固，罰金，拘留，科料及び没収である。

　行政上の秩序罰とは，行政上の義務違反ではあるが，形式的なもので直接的には社会的法益を侵害し，住民の生活に悪影響をもたらさない軽微な違反行為に対して科される制裁（過料）をいう。

　例えば，戸籍法134条〜137条や住民基本台帳法50条〜52条上の届出・申請・その他の登録・通知などを怠った場合に科される過料がある。

正解　1

Q62 行政罰——②

★★

行政罰に関する記述として妥当なのは,次のどれか。

1 行政罰は,行政上の義務違反に対し,特別権力関係における特別権力に基づき制裁として科せられる罰のことであり,その例として住民基本台帳法に定める届出を怠った者に対する過料が挙げられる。

2 行政罰は,過去の行政上の義務違反に対する制裁として科せられるだけでなく,将来にわたり義務の履行を強制することを目的とする行政上の強制執行の手段としても科せられる。

3 行政罰は,行政刑罰と行政上の秩序罰とに分けられるが,原則として,行政刑罰は刑事訴訟法の定める手続によって科せられ,行政上の秩序罰は非訟事件手続法の定める手続によって科せられる。

4 行政罰は,法律による一般的な委任規定に基づいて科せられる罰であるが,刑事罰と異なり,罰の対象となる行為が反道義性及び反社会性を有していないことから刑法総則が適用されない。

5 行政罰は,過失は原則として罰しないこと,法人には犯罪能力を認めないこと及び違反行為者だけでなくその事業主も罰する両罰主義を採用していることを特色としている。

行政の実効性の確保手段 —— 125

正解チェック欄 1回目 2回目 3回目 **A**

1 誤り。前半は、いわゆる**特別権力関係**（伝統的な行政法理論における概念であり、公務員の勤務関係や国公立学校の生徒・学生の在学関係：本人の同意に基づいて成立、受刑者・未決拘禁者の収容関係：法律の規定に基づいて成立などがある。現在では、こうした見方は存在しない）その他公法上の特別の監督関係の規律を維持するために、その関係に属する物に対して科する懲戒罰の説明である。住民基本台帳法52条に定める届出を怠った者に対する過料は、行政上の秩序罰である。

2 誤り。将来にわたり義務の履行を強制することを目的とするのは執行罰であり、現在は砂防法36条に規定があるだけである。

3 正しい。**行政刑罰**は一種の刑罰であるから**罪刑法定主義の要請**により、法律、あるいは条例の根拠が必要である。また、刑法総則の適用があり、刑事訴訟法の手続に従って刑罰が科される。なお、二重処罰禁止の原則も適用される。一方、**秩序罰**として科される制裁（過料）は刑罰ではなく、したがって刑法総則・刑事訴訟法の適用はない。つまり、過料は、非訟事件手続法により、裁判所によって科せられる。しかし、地方公共団体の条例・規則によって科せられる過料については、その地方公共団体の長が科することとされている（自治法149条3号）。

4 誤り。**行政罰のうち行政刑罰**は、刑法に刑名のある刑罰を科するものであることから、法令に特別の定めがある場合のほかは刑法総則の適用がある。

5 誤り。**行政罰**は、**行政法上の義務違反**（法定犯・行政犯）に対する取締りという見地からなされるものであり、通常の刑事罰のように、それ自体、反社会的・反道徳的行為（自然犯）に対しての道義的責任追及ないし犯人の教育のために科されるものではないとされる。したがって、法人に対する処罰や、違反行為者だけでなく、その使用者及び事業主をも罰する**両罰主義を採用**するなど、刑事罰とは異なる特色を持つ。

正解 3

Q 63 行政罰——③

★★

行政罰に関する記述として正しいのは，次のどれか。

1 行政罰のうち刑法に刑名のあるものは，原則として刑法総則の適用があるが，刑事罰と異なり罪刑法定主義の適用はない。
2 行政罰のうち罰金又は科料を科すものについては，一般に，刑事訴訟手続の前段として通告処分によることができる。
3 行政罰を科されるのは法令上責任者と定められた者であって，必ずしも現実の実行者であるとは限らない。
4 行政罰は，その対象となる義務の不履行に対して行政上の強制執行がなされるときは，同時にこれを科すことができない。
5 行政罰は，過去の行政法上の義務違反に対してだけでなく，将来にわたり，行政法上の義務の強制執行手段としても科される罰である。

正解チェック欄　1回目　2回目　3回目　A

行政罰は行政法上の義務違反行為に対するものである。例えば，道路交通法17条4項は，車両は道路の中央から左の部分を通行しなければならないとし，これに違反した者は，3か月以下の懲役又は5万円以下の罰金に処するとしている（同法119条1項）。したがって，一般的・道徳的・社会的非行として刑法上規定された犯罪行為に対する刑事罰とは異なる。このように行政法上の義務違反を犯し，行政罰を科せられるものを行政犯といっている。

刑事犯では，犯罪を行った行為者を罰し，行為者以外の者を罰することはないが，**行政犯**において責任を負うべき者は法令上，責任者と定められた者である。法令上の責任者（義務者）は，他人の行為によって惹起された法令違反に対しても，その責任を負うのが原則である。これは，他人に代わって責任を負うという趣旨ではなく，行政法上，自己に課せられた注意義務の懈怠（怠ること，なまけること）についての自己責任として負う趣旨と解されている。

1　誤り。行政罰も一種の罰であるから，これを科するためには，常に，法律の根拠がなければならない。**罪刑法定主義の原則**は，刑事罰に限らず，行政罰にも等しく妥当する。
2　誤り。行政刑罰は，原則として，刑事罰と同様，刑事訴訟法の定める手続によって科せられる。通告処分は，この原則の例外であり，特定の場合にのみ適用される（国税犯則取締法において規定する行政上の科刑手続など）。
3　正しい。上述のように，行政犯において責任を負うべき者は，法令上，責任者（義務者）と定められたものである。
4　誤り。**強制執行**と**行政罰**は，その直接の目的とするところを異にするから，一方において義務の不履行に対して強制執行をしながら，他方において義務違反に対し行政罰を科することを妨げない。
5　誤り。行政罰は，過去の行政法上の義務違反に対する制裁としてのみ科せられるものである。

正解　3

Q 64 行政上の秩序罰——①

★★

次のA〜Eのうち，行政の秩序罰に該当するものを選んだ組合せとして，妥当なのはどれか。

A 公証人法に基づき，公証人が職務上の義務に違反したときに科される過料

B 住民基本台帳法に基づき，偽りその他不正の手段により，住民基本台帳の閲覧をした者に科される過料

C 道路交通法に基づき，警音器を鳴らさなければならない交差点で警音器を鳴らさなかった者に科される科料

D 土地収用法に基づき，収用委員会に資料の提出を命じられた参考人が，正当の事由がなく資料を提出しなかった場合，その者に科される過料

E 砂防法に基づき，治水上砂防のために課された義務の不履行者に対して科される過料

1　A　C
2　A　D
3　B　D
4　B　E
5　C　E

| 正解チェック欄 | 1回目 | 2回目 | 3回目 | A |

　行政上の秩序罰（行政秩序罰）である過料も一種の罰であるから，憲法の罪刑法定主義の趣旨からいって法律の根拠が必要である。この趣旨に沿うものとして，委任命令，条例（自治法14条3項），更には地方自治法に基づく「長の規則」を根拠（同法15条2項）とする過料も認められる。

　A　妥当でない。職務上の義務違反に対して科せられる**懲戒罰としての過料**である（公証人法79条，80条）。

　B　妥当。行政上の義務違反に対して科せられる**行政上の秩序罰としての過料**である（住民基本台帳法50条，51条）。

　C　妥当でない。行政上の義務違反に対して科せられる**行政刑罰としての科料**である（道交法121条1項6号）。

　D　妥当。行政上の義務違反に対して科せられる**行政上の秩序罰としての過料**である（土地収用法146条3号）。

　E　妥当でない。行政上の義務履行の強制手段として科せられる**執行罰としての過料**である（砂防法36条，500円以内の過料）。

正解　3

行政秩序罰の種類

法律による行政秩序罰——①行政の適正な運営，行政上の秩序維持を目的として科せられるもの：届出，通知，登記，登録などの義務違反行為がある場合（本来的な意味での行政秩序罰），②虚偽の宣誓，陳述，証言，出頭拒否，書類提出などの拒否行為を行政秩序罰の処罰対象としているもの：特許法202条〜204条など（理論的には行政秩序罰になじまないもの。行政刑罰との区分が不明瞭）

条例，規則による行政秩序罰——①詐欺その他不正行為による分担金等免脱行為（自治法228条3項），②不正行為以外による分担金等免脱行為（同法228条2項），③長の規則（例えば，手数料徴収規則など）による一般的な規則違反行為

Q 65 行政上の秩序罰——②

★★

住民基本台帳法による転入届を正当な理由がないままに怠った場合，過料に処せられるが，この過料の説明として正しいのは，次のどれか。

1 これは，行政法上の義務違反に対し，将来にわたり義務の履行を強制するための制裁である。
2 これは，行政法上の義務違反に対する，一般統治権に基づく制裁である。
3 これは，特別権力の発動として，その秩序維持のため，秩序を乱した者に対する制裁である。
4 これは，一般国民としての道徳性，社会性に反する行為に対する，一般統治権に基づく制裁である。
5 これは，一般住民としての義務違反に対する，地方公共団体の長の執行権に基づく制裁である。

| 正解チェック欄 | 1回目 | 2回目 | 3回目 | A |

1 誤り。**執行罰**（Q57, 58）についての説明である。**行政罰**は，過去の行政法上の義務違反に対する制裁として科せられるものである。

2 正しい。行政罰とは，行政上の義務違反に対して科される制裁で，行政刑罰と秩序罰がある。本設問は後者の例である。

　秩序罰（Q61, 62, 64）は，行政上の義務違反ではあるが，単純かつ形式的なもの（届出・申請・通知・登録などを怠った義務違反）である。直接的には社会的法益を侵害しないが，行政上の秩序を乱し，行政目的の達成に障害を与える危険を生ぜしめる場合に，制裁として過料を科すものである。

3 誤り。懲戒罰の説明である。

4 誤り。刑事罰の説明である。**行政罰**は，行為自体が反道徳的な非行ではなく単に行政上の目的のために法令で定められた義務に違反したために科せられる罰である。

5 誤り。**過料**には，法律により国が科するもの（非訟事件手続法119条以下）及び条例又は規則により地方公共団体の長が科するもの（自治法15条2項，228条2項など）があるが，転入届を怠った場合の過料（住民基本台帳法52条2項）は簡易裁判所によって科される。

正解　2

過料の中での位置
- 民事上の過料（民法84条の3など）
- **秩序罰としての過料**
  - 訴訟法上の過料（民事訴訟法192条，209条，刑事訴訟法150条）※1
  - 行政上の過料（土地収用法146条，独禁法97，98条，医療法77条，銀行法65条など）
- **※2 地方公共団体の過料**
  - 規則によるもの（自治法15条2項）
  - 条例によるもの（自治法14条3項）
  - 懲戒罰としての（地公法64条）
  - 執行罰としての（砂防法36条）

※1と※2とを合わせて，行政（上の）秩序罰と称している。

Q 66 損失補償

★★★

損失補償に関する記述として妥当なのは，次のどれか。

1 損失補償は，行政庁の事実行為によって加えられた一般的な犠牲に対し行われるものであり，その対象は財産権の中の土地所有権に限られる。
2 損失補償は，適法な公権力の行使によって損失を受けた者が，直接憲法に基づき裁判上主張することができる財産的補償である。
3 損失補償は，法律に補償規定がなければ請求することができないので，補償規定を欠く財産権侵害立法がなされた場合，当該法律は違憲になる。
4 損失補償は，国又は公共団体の公権力の行使に当たる公務員がその職務を行うに当たり，故意又は過失によって違法に他人に損害を加えたときに行われる。
5 損失補償は，河川その他の公の営造物の設置又は管理に瑕疵があったために他人に損害を与えたときに行われる。

| 正解チェック欄 | 1回目 | 2回目 | 3回目 | A |

損失補償とは，国又は公共団体が適法に行政活動を行い公権力を行使した結果，特定の私人に生じた特定の財産的損失（例えば，空港や道路・河川などの公共施設のための用地の取得など）を，受益者である国民又は住民全体の負担において補塡することをいう。

1　誤り。一般的な犠牲ではなく特別な犠牲を補償するものである。また，土地所有権に限定されるわけではない。

2　正しい。**損失補償**は，適法な行政作用に起因する国民の損害を金銭などによって補塡するものである。**「損失補償法」というような一般法はなく**，日本国憲法29条を受けて法律で個別に補償しているのみである。

3　誤り。法律に損失補償が欠けている場合でも，直接日本国憲法29条3項に基づき損失補償請求をすることができるから，かかる法律も違憲・無効ではないとの最高裁判所判決(昭43.11.27)がある。

4　誤り。国家賠償法1条1項の規定の説明であり，損失補償とは異なる。

5　誤り。これも国家賠償法2条の規定の説明である。

正解　2

```
                            ┌─①公権力の行使に基づく損害の賠償責任，求償
                            │  権（1条1項，2項）
                            │─②公の営造物の設置管理の瑕疵に基づく損害の
              違法行為に基  │  賠償責任，求償権（2条1項，2項）
              づく損害賠償  ├─③賠償責任者
              (国家賠償法)  │─④民法の適用（4条）
              　　　　　　　│─⑤他の法律の適用（5条）
国家補                      └─⑥相互保証主義（6条）
償制度
              適法行為に基  ┌─憲法29条3項（法律に規定がない場合）
              づく損失補償  │
              (損失補償法)  └─補償に関する個別の規定（法律に規定がある場
                               合）
```

Q 67 損害賠償

★★

国家賠償法に定める公権力の行使に基づく損害賠償に関する記述として妥当なのは，次のどれか。

1 国又は公共団体は，公務員が，職務上の行為であるか否かにかかわらず，他人に損害を加えたときは，常に損害賠償の責任を負わなければならない。

2 国又は公共団体は，公務員が職務を行うに当たり故意又は過失により違法に他人に損害を加えたときは，損害賠償の責任を負わなければならない。

3 国又は公共団体は，損害を加えた公務員の過失が軽過失の場合であっても，当該公務員に対して求償権を行使しなければならない。

4 損害を受けた者は，損害を加えた公務員の過失が重過失の場合には，当該公務員に対して損害賠償を請求しなければならない。

5 損害を受けた者は，損害を加えた公務員の選任監督者と給与等の費用負担者とが異なるときは，費用負担者に対して損害賠償を請求しなければならない。

| 正解チェック欄 | 1回目 | 2回目 | 3回目 | **A** |

国家賠償（制度） とは，違法な行政作用により国民に被害が生じた場合に，国や公共団体に賠償責任を負わせ，被害者の救済を図る制度である。

1 誤り。国家賠償法1条1項では「国又は公共団体の公権力の行使に当る公務員が，その職務を行うについて，故意又は過失によつて違法に他人に損害を加えたとき」に，**国又は公共団体が賠償責任**を負うとされている。この条文にあるように，公務員の職務上の行為であることに限定している。

2 正しい。国家賠償法1条1項の条文の内容の通りである。国家賠償法1条は従来，国家の賠償責任が一切否定されていた権力行政の分野に，国家の賠償責任を初めて導入したものである。この条文により，**公務員の「公権力の行使」** についても，要件さえ満たせば，国や公共団体に賠償責任が認められるようになったのである。

3 誤り。「公務員に故意又は重大な過失があったときは，国又は公共団体は，その公務員に対して求償権を有する」（国家賠償法1条2項）とされており，**軽過失**の場合は**求償権**を有しない。

4 誤り。**民法上の不法行為**であると，被害者は直接の不法行為者（加害者）に損害賠償を請求することになる。**国家賠償法**では被害者は直接の不法行為者である公務員に請求するのではなく，その公務員の所属する国又は公共団体に請求することになる。

なお，直接の加害者である公務員個人は被害者に対して責任を負うことはないと解されている。国又は公共団体が，損害を賠償した場合において，その**公務員**に**故意**又は**重大な過失**があったときは，国又は公共団体は求償権を行使できる（同法1条2項）。

5 誤り。損害を加えた公務員の選任監督者と給与等の費用負担者が異なるときは，被害者は，そのいずれに対しても**損害賠償請求権**を有する。

正解 2

Q 68 国家賠償と責任の負担者（代位責任）

★

国家賠償と責任の負担者についての記述のうち，正しいのはどれか。

1 公の営造物の設置又は管理の瑕疵に基づく損害に対しては，国又は公共団体は，ほかに損害の原因について責に任ずべき者が明らかでない場合にのみ賠償責任を負担する。
2 公務員に対して求償権を有するところから，国又は公共団体の賠償責任は通説では一種の代位責任と解されており，公務員の選任・監督について注意を怠らなかった場合でも賠償責任を免れない。
3 公権力の行使に当たる公務員であっても職務外において加えた損害については，たとえそれが外形上職務を行うように見えたとしても公務員個人が直接賠償責任を負担する。
4 国家賠償制度は権力濫用の警告及び制裁としての側面が重視されるべきであり，その意味から，公権力の行使に当たる公務員も共同して賠償責任を負担する。
5 国又は公共団体が私人と同じ立場で私経済的作用を行う場合であっても，すべて国家賠償法に基づく賠償責任を負担するのであって，民法の適用される余地はない。

| 正解チェック欄 | 1回目 | 2回目 | 3回目 | A |

1 誤り。国又は公共団体は「他に損害の原因について責任に任ずべき者」があると否とにかかわらず**賠償責任**を負う。

2 正しい。**代位責任論**（これが通説・判例である）とは次の通りである。

　公務員が違法なことを行ったときは、もはや国家の行為とはいえず、公務員個人の行為として本来は公務員が個人的に責任を負うべきである。しかし、公務員個人に責任を負わせていたのでは、その責任・財産からしても、被害者の救済が十分に達成されがたい上に、公務員の活動が事なかれ主義に陥り公務の遂行が萎縮する恐れがある。かくして国家賠償法1条は政策上、つまり公務員の選任・監督について注意を怠らなかった場合でも公務員の使用者である国に賠償責任を認め、公務員個人の責任を代位させることにしたのである。

3 誤り。職務外の行為であっても、それが外形上職務執行行為と認められるものについては、いわゆる**外形主義の理論**により国家賠償法が適用されるとした最高裁判所の判例（昭31.11.30、非番の警察官による殺人、公務員の職務行為の範囲）がある。

4 誤り。公務員個人も賠償責任を負うか否かについては、これを積極的に解する説もあるが、通説は被害者との関係では国又は公共団体のみが責任を負い、**公務員個人は責任を負わない**とし、最高裁も同様の見解をとっている（最判昭30.4.19）。

5 誤り。国又は公共団体が私経済作用を行う場合に加えた損害については、民法以外の法律に別段の定めのない限り**民法の規定**による（国家賠償法4条）。

正解　2

Q 69 公の営造物の設置又は管理の瑕疵に基づく責任

★★★

国家賠償法2条に関する記述として妥当なのは，次のどれか。

1 国又は公共団体は，公の営造物の設置又は管理に瑕疵があり，そこに過失があると裁判所によって判断されたときに限り，それによって損害を受けた者に対し損害を賠償しなければならない。

2 国又は公共団体は，公の営造物の設置又は管理に瑕疵があったために他人に損害を生じたときは，その損害を賠償しなければならないが，賠償の相手方は公の営造物の本来の用法に従っている利用者に限られない。

3 国又は公共団体は，公の営造物の設置又は管理に瑕疵があったために他人に損害を生じたときは，その損害を賠償しなければならないが，公用自動車等の動産に瑕疵があった場合は，損害を賠償する必要はない。

4 国又は公共団体は，公の営造物の設置又は管理に瑕疵がある場合でも，その瑕疵の原因がもっぱら財政的理由によるときは，それによって損害を受けた者に対し損害を賠償する必要はない。

5 国又は公共団体は，公の営造物の設置又は管理に瑕疵がある場合でも，単に公の営造物の設置，管理の費用又は職員の給与その他の費用を負担しているだけのときは，損害を賠償する必要はない。

| 正解チェック欄 | 1回目 | 2回目 | 3回目 | **A** |

1 誤り。国家賠償法2条は，**公の営造物の設置又は管理の瑕疵に基づく損害**については，その損害の発生を防止するのに必要な注意をしたと否とを問わず，これを賠償する責に任ずるとして，**無過失損害賠償責任**を定めている。

2 正しい。**国家賠償法2条の趣旨**は，公の営造物の利用者が営造物の不完全性によって蒙った損害を賠償することにあるが，今日では営造物の存在に起因して営造物の周辺居住者等に生じた被害の救済にも，同条が適用される。例えば，国営アルコール工場の排水施設の不備のため流れ出た工場廃水によって下流の稲作に生じた被害が，公の営造物の設置又は管理の瑕疵によるとされ，国が賠償責任を負うとした玉川事件（最判昭43.4.23）がある。また，大阪国際空港事件の判決（最判昭56.12.16）においても，航空機騒音によって空港周辺の住民に生じた被害が，空港そのものの欠陥によるとされ，国家賠償法2条により賠償の支払いが命じられている。

3 誤り。公の営造物には，公の目的に供用されている有体物も含まれるとし，この中には動産，即ち官庁用自動車（ブレーキ等の欠陥に起因する事故，札幌高判昭29.9.6）や臨海学校の飛込台（東京高判昭29.9.15）も含むと解されている。

4 誤り。**公の営造物の設置又は管理の瑕疵**とは，その維持，修繕，保管行為等に不完全な点があるために，その営造物が「通常有すべき安全性を欠く」ことであるから，財政的理由といった瑕疵の原因は問わない。

5 誤り。公の営造物の設置又は管理に当たる者とその費用の負担者が異なるときは，費用負担者もまたその責任を負う（国家賠償法3条1項）。**国又は公共団体の絶対的な損害賠償責任**を定めたものであるが，ほかに損害の原因について責に任ずるものがあるときは，これに対し，求償権を有するとされている（同条2項）。

正解　2

Q 70 国家賠償法に定める賠償責任——①

★★★

国家賠償法に規定する公権力の行使に基づく賠償責任と公の営造物の設置管理の瑕疵に基づく賠償責任に関する記述として妥当なのは，次のどれか。

1 沿革的には，前者は，個人主義的思想に基づく道義的責任を基礎原理として構成されているが，後者は，団体主義的思想に基づく社会的公平負担の実現を基礎原理として構成されている。

2 国又は公共団体が負う賠償責任の本質は，前者については自己責任とされているが，後者については代位責任とされている。

3 前者では，相互保証主義がとられていないので，外国人に適用される余地はないが，後者では，相互保証主義がとられているので，外国人にも適用される。

4 国家賠償法は，公益と私益との合理的な調整を図るため，前者，後者ともに無過失賠償責任主義をとっている。

5 被害者は，公務員の選任監督者又は公の営造物の設置管理者と公務員の俸給給与等の支払者又は営造物の設置管理の費用負担者とが異なる場合には，そのいずれに対しても損害賠償の請求を行うことができる。

正解チェック欄 1回目 2回目 3回目 **A**

1 誤り。公権力の行使に基づく賠償責任も，公の営造物の設置管理の瑕疵に基づく賠償責任も，ともに私法上の不法行為制度と同じく**個人的道義的責任主義**を基礎理念としている。社会的公平負担主義を基礎理念とするのは**行政上の損失補償**である。

2 誤り。国家賠償法に定める国又は公共団体の責任については，国・公共団体の**自己責任とする説**，公務員の不法行為責任を国・公共団体が代位するものと考える**代位責任説**，この両者が事案ごとに混在するとする**折衷説**の3説がある。

3 誤り。両者とも**相互保証主義**（国家賠償法6条）である。

4 誤り。前者は**過失責任主義**（国家賠償法1条）をとっている。

5 正しい。国家賠償法3条（賠償責任者）の内容の通りである。

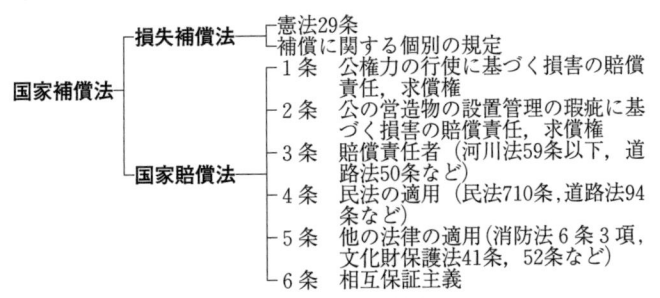

```
                ┌─ 損失補償法 ┬─ 憲法29条
                │             └─ 補償に関する個別の規定
国家補償法 ─────┤
                │             ┌─ 1条 公権力の行使に基づく損害の賠償
                │             │      責任，求償権
                │             ├─ 2条 公の営造物の設置管理の瑕疵に基
                │             │      づく損害の賠償責任，求償権
                └─ 国家賠償法 ┼─ 3条 賠償責任者（河川法59条以下，道
                              │      路法50条など）
                              ├─ 4条 民法の適用（民法710条，道路法94
                              │      条など）
                              ├─ 5条 他の法律の適用（消防法6条3項，
                              │      文化財保護法41条，52条など）
                              └─ 6条 相互保証主義
```

例として，マンション耐震強度偽造事件に関しては，3つの判決が示されている。

① 民間の検査機関が行った建築確認は，自治体の事務とする（最判平17.6.24）。

② 検査機関に故意や過失があった場合，確認の権限を持つ自治体が賠償責任を負う（横浜地判平17.11）。

③ 小田急線の沿線住民が高架化事業の認定取消しを求めた訴訟で最高裁判所（平17.12.7）は，裁判で，違法性を問える資格（原告適格）を大幅に広げる初の判断を示した。マンションやホテルの耐震強度偽造事件では，倒壊による近隣住民の被害も心配されており，この判断は，こうした周辺住民の問題にも波及することが考えられる。

正解 5

Q 71 国家賠償法に定める賠償責任──②

★★

国家賠償法に定める公の営造物の設置管理の瑕疵に基づく損害賠償に関する記述として妥当なのは，次のどれか。

1 国又は公共団体は，公の営造物の設置管理に瑕疵がある場合でも，損害について他に責任を有する者があるときには，賠償責任を免れる。

2 国又は公共団体は，公の営造物の設置管理に瑕疵がある場合でも，設置管理に当たって故意又は過失のないことが立証できたときには，賠償責任を免れる。

3 国又は公共団体は，公の営造物の設置管理に瑕疵がある場合でも，設置管理に要する予算の不足など財政上の理由があるときには，賠償責任を免れる。

4 被害者は，公共団体が法定受託事務として公の営造物の設置管理を行っている場合には，公共団体に対して損害賠償を請求することはできない。

5 被害者は，公の営造物の設置管理者とその設置管理の費用負担者とが異なる場合には，そのいずれに対しても損害賠償を請求することができる。

正解チェック欄　1回目　2回目　3回目　**A**

1 誤り。公の営造物の設置管理の瑕疵に基づく損害については、国又は公共団体は他にその損害について責に任ずべき者があると否とにかかわらず、これを賠償する責に任ずる。そして、他に損害について責任を有する者があれば、これらの者に対して**求償権**を有する（国家賠償法2条2項）。

2 誤り。国家賠償法1条が**公務員の故意過失**を国家賠償の要件として掲げ、**過失責任の原則**（過失責任主義：損害の発生について故意、過失がある場合にのみその賠償責任を負うとする立法上の立場。近代法は、原則としてこれを採用している）に立脚しているのに対し、同法2条は**無過失責任の原則**（損害の発生について故意や過失がなくても損害賠償の責任を負うこと）によっている。なお、最高裁判所もこの原則を確認している（昭45.8.20、道路管理の瑕疵）。

3 誤り。上述の通り、国家賠償法2条は**無過失損害賠償責任**を定めたものであり、財政（予算）上の制約は免責事由にならない。

4 誤り。地方自治法2条9項によって規定された法定受託事務は、自治体の機関への委任（地方分権法による改正前のいわゆる機関委任事務）ではなく、「法律又はこれに基づく政令に特に定める」事務を自治体が処理するものであるから、あくまでも自治体の事務である。したがって、地方公共団体に対して損害賠償を請求することができる。

5 正しい。「公務員の選任若しくは監督」又は「公の営造物の設置若しくは管理」に当たる者（事業管理者）と、「公務員の給与その他の費用」又は「公の営造物の設置若しくは管理の費用」を負担する者（費用負担者）が異なるときは、被害者はそのいずれに対しても、損害賠償を請求することができる（国家賠償法3条参照）。

正解　5

Q 72 国家賠償法に定める賠償責任——③

★★★

国家賠償法に定める公権力の行使に基づく損害賠償に関する記述として、妥当なのは次のどれか。

1 国家賠償の請求は、行政処分が違法であることを理由とする場合には、あらかじめ当該行政処分についての取消訴訟又は無効確認訴訟の確定判決を得なければ、行うことができない。

2 公務員が、主観的に権限行使の意思を持ってする場合でなくても、客観的に職務執行の外形を備える行為をなし、これによって他人に損害を与えた場合には、国又は公共団体の賠償責任が認められる。

3 国又は公共団体は、公務員が職務を行うに当たり他人に被害を生じさせた場合において、それが具体的にどの公務員のどのような違法行為によるものであるかが特定されなければ、損害賠償の責任を負わない。

4 国家賠償は、国又は公共団体が、最終的な賠償の責任を負うものではなく、公務員に代わって賠償の責任を負うものであるから、公務員個人が被害者に対して直接に損害賠償の責任を負う。

5 国は、裁判官がした判決が上級審の判決によって破棄され、これが確定した場合には、当該裁判官に過失が認められるため国家賠償の責任を負わなければならない。

| 正解チェック欄 | 1回目 | 2回目 | 3回目 | **A** |

1 誤り。**国家賠償法の請求は**，違法な国家行為によって，現実に生じた損害という「事実」に着目してその補塡を求めるものである。したがって行政行為の「法的効果」を否認して，それによって科された法的義務ないし拘束を免れようとするものではないから，行政行為を取り消さずに直接請求できる。

2 正しい。いわゆる**「外観（形）主義」**である。国家賠償法1条1項にある「その職務を行うについて」であるかどうかは，その行為が，客観的に職務執行の外観(形)を備える行為であるか否かによって判断される。したがって公務員の主観的な意図は考慮されない。

3 誤り。国家賠償法1条は**過失責任主義**をとっている。「過失」については，個々の公務員の具体的な過失を特定する必要はなく，公務員が職務上要求される標準的な注意義務に対する違反があれば足りると解されている（過失の客観化，抽象的過失論）。

4 誤り。国家賠償については，国又は公共団体が「賠償の責に任ずる」とされている。

　国又は公共団体は，当該公務員に故意又は重過失があったときに求償権を行使できる（国家賠償法1条2項）。

　なお，**最高裁判所は国家賠償法の適用が認められる限りにおいて，公務員個人の責任を否定している**（昭30.4.19）ので，被害者から公務員個人への求償はできない。

5 誤り。「公権力」とは，一般に行政権力を意味するが，立法権や司法権に属する権力も「公権力」に当たる。判例・学説ともに，**国会の立法行為や裁判判決も国家賠償の対象となる公権力の行使に当たる**と解している。

　しかし，判決が上級審によって破棄され，確定したことが直ちに，当該判決の裁判官の過失を認めることにはならないことに注意する必要がある。

正解　2

Q73 国家賠償法に定める賠償責任——④

★★

国家賠償法に関する記述として正しいのは，次のどれか。

1 外国人が被害者である場合には，相互に保証があるとき，即ち，その外国人の本国でわが国民の被害に対する賠償責任が認められているときに限り賠償責任を認めている。

2 公の営造物の設置管理の瑕疵に基づく損害の賠償責任については，民法における不法行為責任と同様に過失責任主義がとられている。

3 公務員に故意又は重大な過失があった場合には，被害者は直接，公務員に対して賠償請求をなし得るとされ，国又は公共団体は公務員に代わって賠償の責に任ずるものとされている。

4 「公務員の職務を行うについて」とは，加害行為が職務と実質的に関係のあることを必要とし，その行為の外形において職務執行行為と認められる場合においては該当しないとされている。

5 「公権力の行使」とは，国又は公共団体の優越的な意思の発動たる作用のみならず，私経済的作用も含まれるとされている。

| 正解チェック欄 | 1回目 | 2回目 | 3回目 | A |

1 正しい。国家賠償法6条は、**相互保証主義**をとっている。外国人が日本において同法1条か2条に当たる損害を受ける場合、又は日本人がその外国人の本国において同様な損害を受けた場合は、賠償責任制度が明確にあるときに限り、両国の国・公共団体はその外国人に対して損害賠償責任を負うことになる。

2 誤り。公の営造物の設置管理の瑕疵(かし)に基づく賠償責任については、国家賠償法2条の規定により**無過失責任主義**（国又は公共団体は、公の営造物の設置管理について、過失がなくとも賠償責任を負うもの）がとられている。

3 誤り。国家賠償法1条で「国又は公共団体が、これを賠償する責に任ずる」と規定している点からいって、直接、公務員に対して賠償請求することは認めない趣旨であると解されている。

4 誤り。その行為が、客観的にその行為の外形において職務執行行為と認められる場合を含んでいる。例えば、非番の警官が制服で職務質問を装って金品を持ち逃げしようとしたところ、騒がれたため市民を拳銃で射殺した事件（最判昭31.11.30）がある。

5 誤り。**私経済的作用**（電車・バス・鉄道の事業経営などのように、国や公共団体が私人と同様の地位において、私経済的な作用を行う場合）は含まれない。「公権力の行使」の意味については説が分かれている。

　通説として、①国又は公共団体が国民に対し命令強制し、又は法律関係を一方的に形成する本来の権力的作用に限られるという狭義説と、②この本来の権力的作用に加えて、民法が適用される私経済的作用及び国家賠償法2条が適用される公の営造物の設置管理作用を除く非権力的作用（つまり、民法及び国家賠償法2条によってカバーされない非権力的作用）を含むと解している広義説とがある。なお、**非権力的作用**とは、**行政計画**、**行政指導**などである。

正解　1

Q 74 不服申立て──①平成26年改正法

★★★

改正行政不服審査法（平成26年6月公布，平成28年4月1日施行）の主なポイントについて述べた次のうち，適切でないものの組合せはどれか。

A 不服申立ての種類の一元化
B 審理員制度の導入
C 行政不服審査会等への諮問手続の導入
D 審査請求期間の延長
E 審理の迅速化

1 A, D
2 A, E
3 B, C
4 B, C, D
5 すべて適切

正解チェック欄　1回目　2回目　3回目　**A**

A　適切。不服申立てには，①**審査請求**，②**再調査の請求**，③**再審査請求**があり，このうち，①が原則（「審査請求」に一元化）で②③は他に法律で特別の定めがある場合にのみ認められる例外である。審査請求とは，処分庁の処分又は不作為に対して，処分をした庁（処分庁）・するべき処分をしなかった庁（不作為庁）以外の行政庁に対して不服を申し立てる手続である。**原則として審査庁は，処分庁の最上級行政庁である**（行服法4条）。

B　適切。審査請求の審理は，原則として，**審査庁が指名した「審理員」が行うことになる（行服法9条1項）**。改正法では，審理の公正性・透明性を高めるため，審査請求の審理を行う者を審査庁から相対的に独立した「審理員」と位置づけ，原処分に関与した者や利害関係人など，審理の公正性を害する恐れがある者が排除されることを法律上担保することとしている（同条2項）。

C　適切。審査請求について裁決の客観性・公正性を高めるため，個別の法令に基づき他の第三者機関が関与する場合などを除き，審査庁（審査請求の審理・裁決を行う行政庁）が裁決をする際**行政不服審査会等への諮問を義務付け（行服法43条）**，第三者の立場から審査庁の裁決の判断の妥当性をチェックするとしている。

D　適切。国民が審査請求をする機会を逸することがないよう，旧法では60日としていた**審査請求期間を3か月に延長している**。その例外が認められる要件についても，「天災その他…やむを得ない理由」から**「正当な理由」に拡充**している（行服法18条1項）。

E　適切。改正法により，審理員による審理手続，行政不服審査会等の関与，市民の手続的権利の拡張などが図られ，手続保証が厚くなったことから，手続遅延を配慮する必要性が高まった。そこで手続の迅速化を意図した次の仕組みが設けられている。標準審理期間の設定（行服法16条），審理手続の計画的遂行（同法37条），行政不服審査会への諮問を希望しない旨の審査請求人の申出による諮問省略（同法43条1項4号など）。

正解　5

Q 75 不服申立て──②平成26年改正法

★★

平成26年の行政不服審査法改正により、行政不服申立制度の目的に「公正」の用語が付加された（行政不服審査法1条1項）。次のうち、手続の公正を重視する仕組みに該当する適切な組合せはどれか。

A 処分に関与しない職員（審理員）による不服申立審理
B 第三者機関（行政不服審査会など）が審査庁の判断の妥当性をチェック
C 審査請求人や参加人の権利の拡充
D 不服申立ての手続を審査請求に一元化
E 不服申立期間の延長（60日から3か月に）

1 A, E
2 A, B, C
3 B, D
4 A, C, D
5 すべて適切

行政救済 —— 151

| 正解チェック欄 | 1回目 | 2回目 | 3回目 | **A** |

　行政不服申立てをするためのルールが行政不服審査法である。行政不服審査法は，1条で「簡易迅速かつ公正な手続の下で」「国民の権利利益の救済を図る」とともに「行政の適正な運営を確保する」ことを「目的」とすると定めている。改正法は簡単で素早く，しかも公正な手続を定めることで，「権利利益の救済」という目的を重視していると見ることができる。なお，手続の「公正」の文言は平成26年の改正により新たに追加されたものである。**手続の公正を重視する仕組み（公正性の向上）としては，次の3点がある。**

A **処分に関与しない職員（審理員）が不服申立審理を行う仕組み**である。つまり，処分に関与していない職員（審理員）が審理を行う手続へと改められている。

B **第三者の視点を導入した審理手続（行政不服審査会など）の仕組み**である。つまり，審査庁は，原則として行政不服審査会などの第三者機関に諮問し，その答申を受けて裁決を出すよう義務付けられている。第三者機関の判断を介在させることで，判断過程の公正性・透明性が高められている。

C **審査請求人や参加人の権利の拡充（手続保障の拡充）の仕組み**である。例えば，審査請求人や参加人は，口頭意見陳述において処分庁に対する質問や証拠書類のコピーが認められている。

以上ABCが公正な手続の重視（公正性の向上）の部類に入る。

なお，「D　不服申立ての手続を審査請求に一元化」や「E　不服申立期間の延長（60日から3か月に）は，国民にとっての使いやすさの向上の部類に仕分けられる。

この部類としては，ほかに不服申立前置の見直し（改正法では不服申立前置の廃止・縮減が進められた），手続の迅速化（標準審理機関の設定，行服法16条，審理手続の計画的遂行，同法37条，行政不服審査会への諮問を希望しない旨の審査請求人の申出による諮問省略，同法43条1項4号など）もある。

正解　2

Q 76 不服申立て——③要件

★★★

次は，不服申立ての要件について述べたものである。適切でないのはどれか。

1 処分又は不作為が存在すること
2 正当な当事者（当事者能力＋当事者適格）から，不服が申し立てられること
3 権限を有する行政庁に申し立てること
4 いかなる場合でも，不服申立て期間内（処分，不作為ともに知った日から起算して3か月以内）に申し立てること
5 形式と手続を遵守すること

| 正解チェック欄 | 1回目 | 2回目 | 3回目 | **A** |

1 適切。**不服申立ての要件の1つとして，処分又は不作為が存在することが挙げられる。**行政不服審査法7条の適用除外事由に該当する場合には，不服申立てをすることはできない。不作為は申請を前提とするため（同法3条），申請を前提としないで不作為について申立てをすることや法令に基づかずに申請したことに関する不作為について不服申立てをすることはできない。

2 適切。**当事者能力**（自己の名において，不服申立てをすることのできる一般的な資格）と**当事者適格**（特定の争訟において，当事者として承認される具体的な地位又は資格）を具備する必要がある。

3 適切。不服申立ての要件の1つに，**権限を持つ行政庁に不服申立てをすることがある。**不服申立ての手続きは原則として審査請求であるので，行政不服審査法4条各号に規定する審査庁に対し審査請求をすべきである。なお，審査請求の対象となる行政機関は，原則として最上級行政庁である（同条4号）が，例外的に最上級行政庁以外の行政庁を審査庁とする場合がある（同条1号～3号）。

4 不適切。①処分に対する審査請求は，「**処分があったことを知った日の翌日から起算して三月以内**」に審査請求をしなければならない（行服法18条1項本文）。また，当該処分について再調査の請求をしたときは，**当該再調査の請求についての決定があったことを知った日の翌日から起算して1か月以内**に審査請求をしなければならない（同項本文カッコ書き）。

　不作為に対する不服申立てについては，期間の定めはない。もっとも，不作為についての審査請求が，「申請から相当の期間が経過しないでなされた」場合は不適法却下となる（同法49条1項）。

5 適切。**不服申立ては，原則として書面を提出しなければならない。**ただし，法律や条例に口頭でできる旨の定めがあるときは，例外的に口頭でも不服申立てをすることができる（行服法19条1項，61条）。

正解 4

Q77 審査請求──①要件・手続

★★★

審査請求の要件・手続について述べた次のうち,適切でないのはどれか。

1 不服申立ては審査請求に一元化されているが,例外として,再調査の請求と再審査請求が認められている。
2 平成26年の行政不服審査法改正により審理員制度が導入され,審査請求の手続は原則として審理員によってのみ進められることになった。
3 審査請求の対象は処分,不作為であり,審査請求ができるのは,その適格が認められるものに限られる。
4 平成26年の法改正により審査請求人の手続が充実し,処分庁に対する質問権が明文化されたほか,提出書類等の閲覧対象が拡大され,写しの交付も認められることになった。
5 審査請求の裁決には,却下裁決,棄却裁決,認容裁決のほか,変更裁決がある。平成26年の法改正により,申請に対する一定の処分に関する措置も可能となった。

| 正解チェック欄 | 1回目 | 2回目 | 3回目 | **A** |

1 適切。不服申立ては，原則として，**審査請求**（処分について，行服法2条，不作為について，同法3条）である。**再調査の請求**（同法5条）は，行政庁の処分に対して，処分をした処分庁自身に不満を訴える手続である。**不作為についての再調査の請求はない**。**再審査請求（同法6条）は，審査請求の裁決に不満がある者が更に不満を訴える手続**である。他の法律に定めがある場合に例外的にすることができる（自治法255条の2第2項など）。

2 不適切。審理員によってのみ，手続が進められるものではない。改正法により導入された**新しい審査請求の特徴**は，第一に審理員による審査，第二に第三者機関によるチェックの保障である。審査庁は審理員から意見書の提出を受けたとき，一定の場合を除き（行服法43条1項1号～8号），国は行政不服審査会に，地方公共団体は第三者機関に，審理員意見書及び事件記録の写しを添えて，諮問しなければならない（同法43条）。

3 適切。審査請求は誰でもできるのではなく，一定の要件を満たす者に限られる。これを**審査請求適格（不服申立適格）**という。

4 適切。審査請求人及び参加人には，次のような**手続的権利**が認められる。①口頭意見陳述，質問（行服法31条1項，5項），②証拠書類等の提出（同法32条1項），③物件の提出要求（同法33条），④参考人の陳述及び鑑定の要求（同法34条），⑤検証及び立会いの申立て（同法35条），⑥審理関係人への質問の申立て（同法36条），⑦提出書類等の閲覧又は(写しの)交付(同法38条1項)。

5 適切。処分についての審査請求の裁決には，基本的に**却下裁決**（請求が不適法な場合），**棄却裁決**（請求に理由がない場合），**認容裁決**（請求に理由がある場合）の3種類がある。また，認容裁決の別類型として，**「変更裁決」**もある（行服法45条1項・2項，46条1項，47条）。なお，改正法により，審査庁は「申請に対する一定の処分に関する措置」をとることができるようになった（同法46条2項）。

正解 2

Q 78 審査請求──②対象と範囲

★★★

審査請求について述べた次のうち，適切でないのはどれか。

1 行政不服審査法は，広く国民に救済を認めるという観点から，法律に例外の定めのある場合を除き，原則としてすべての処分につき不服申立てを認める概括主義を採用している。

2 行政不服審査法には，学校において教育の目的を達成するために学生等に対してされる処分について，不服申立てを排除する趣旨の規定があるが，行政事件訴訟法には，そのような規定はない。

3 行政不服審査においては，違法性のみならず不当性を理由としても処分を取り消すことができるのに対し，行政事件訴訟においては，裁判所が不当性を理由として処分を取り消すことはできない。

4 審査請求の長所として，問題となっている処分の適法性のみならず当不当の範囲まで争えるといった点が挙げられる。行政事件訴訟において裁判所は，あくまで処分の適法性を審査するのみで，行政の裁量権の範囲内にある処分について当不当の審査はできない。

5 不服申立ての対象は行政庁の処分のみで，不作為は含まれない。

行政救済 —— 157

正解チェック欄　1回目　2回目　3回目　A

1 適切。不服申立ての対象は，一定の行政作用に限られる。争いの対象になるのは処分（行政庁の処分その他公権力の行使に当たる行為，行服法1条2項）と不作為（法令に基づく申請に対して何らの処分をもしないこと，同法3条）の2つである。

また，処分及び不作為に該当すれば，適用除外の場合（同法7条）に該当しない限り，不服申立てによって争うことができる。このような法的仕組みを**概括主義**という（同法2条）。

2 適切。行政不服審査法7条1項8号の通り。行政不服審査法7条は適用除外規定で，同条に掲げる処分及びその不作為については，同法2条（処分についての審査請求）及び同法3条の規定は適用されない。一方，行政事件訴訟法には，同趣旨の条文はない。

3 適切。審査請求では，処分の違法性に加えて，**不当性**（処分が法的要件を満たしているが，公益要件を満たしておらず，したがって妥当ではないこと）も争うことが可能である（行服法1条1項）。行政不服審査法では，行政が行政行為を見直すのに対して，行政事件訴訟法では，司法が行政のやったことを審査する。なお，司法は処分の不当性までは審査することはできない（行訴法30条，裁量処分の取消し）。

4 適切。**行政訴訟制度は違法な行政活動の是正を求めるものであるが，行政上の不服申立制度（審査請求）においては，違法のみならず不当な行政活動の是正を求めることができ，司法救済よりも幅広い範囲をカバーする**とされる。

5 不適切。不作為についての審査請求は，行政庁が，法令に基づく申請に対し，相当の期間内に何らの処分もしないときに提起できるものである（行服法3条）。何らかの処分をするよう求める審査請求であり，たとえ請求が認容されても，拒否処分がされれば改めてこれを争わなければならない場合もある。

正解　5

Q79 審査請求——③再調査の請求等

★★

審査請求について述べた次のうち,妥当でないのはどれか。

1 審査請求は原則として審査請求書を提出しなければならないが,他の法律に定めがあるときは,口頭による審査請求も可能である。
2 審査請求人は,裁決があるまではいつでも審査請求を取り下げることができるが,その取下げは口頭でしなければならない。
3 審査請求人又は参加人は,審理員に対して,提出書類等の閲覧のほか,書類の写しの交付を求めることができる。
4 審査請求にせよ,再調査の請求にせよ,原則として処分があったことを知った日の翌日から起算して3か月を経過したときはすることができない。
5 法令に基づき行政庁に対して処分についての申請をした者は,当該申請から相当の期間が経過したにもかかわらず,行政庁の不作為がある場合には,不作為についての審査請求をすることができるが,再調査の請求をすることはできない。

| 正解チェック欄 | 1回目 | 2回目 | 3回目 | **A** |

1 適切。審査請求は，他の法律（条例に基づく処分については，条例）に口頭ですることができる旨の定めがある場合を除き，政令で定めるところにより，審査請求書を提出しなければならないと規定されている（行服法19条1項）。また同法20条には，口頭による審査請求の規定がある。

2 適切ではない。審査請求人は，裁決があるまではいつでも審査請求を取り下げることができる（行服法27条1項，審査請求の取下げ）が，取下げは書面でしなければならないと規定されている（同法27条2項）。審査請求が取り下げられると，最初から無かったものと見なされる。なお，これは，訴えの取下げについて規定した民事訴訟法262条1項の規定と同じである。

3 適切。審理員は，この場合原則として閲覧又は交付を拒むことができない（行服法38条1項，審査請求人等による提出書類等の閲覧等）。

4 適切。処分についての審査請求は，**原則として処分があったことを知った日の翌日から起算して3か月を経過したときはする**ことはできない（行服法18条1項）。処分の再調査の請求についても，同様である（同法54条1項）。なお，当該処分について再調査の請求を行い，その決定に対して審査請求を行うときは，この期間が1か月に短縮される（同法18条1項本文かっこ書き）。両条文ともに，「正当な理由があるときはこの限りではない」というただし書はついている。

5 適切。**不作為の審査請求は認められている（行服法3条）が，不作為の再調査の請求は認められていない**。不作為状態にある処分庁に対して再調査の請求をしても実効性に乏しいと考えられるからである。

正解　2

Q 80 教示

★★★

行政不服審査法に定める教示制度について述べた次のうち、正しいのはどれか。

1 教示は、必ず教示事項を記載した書面により行わなければならず、口頭で行うことは認められていない。
2 教示制度は、行政不服審査法に基づく不服申立てができる処分についてのみ適用されるもので、他の法令に基づく不服申立てができる処分については適用されない。
3 教示には、職権による教示と請求による教示があるが、後者による教示は処分の相手方に限って求めることができ、利害関係人から請求することはできない。
4 処分の際に誤って審査請求をすべきでない行政庁を、審査請求をすべき行政庁として教示した。この教示通りに審査請求した場合、その不服申立ては無効である。
5 行政庁がなすべき指示を行わなかった場合でも、処分について不服がある者は当該処分庁に不服申立書を提出することができる。

| 正解チェック欄 | 1回目 | 2回目 | 3回目 | A |

　行政上の不服申立て（審査請求及び再調査の請求に限らず，他の法令によるものを含む）をすることができる処分のすべてについて，**行政庁は，処分の相手方に対して，①不服申立てができる旨，②不服申立てをすべき行政庁，③不服申立てのできる期間を書面で教示するよう義務付けられている（行服法82条1項，職権による教示）。**

　職権による教示は書面でする処分に限られる（処分を口頭で行う場合には教示義務を負わない，同条ただし書）。他方，利害関係人の請求による教示の仕組みも存在する（同条2項，請求による教示）。請求による教示の場合には，行政庁は，口頭で行われる処分や不服申立てができない処分についても教示義務を負う。

1　誤り。**処分の相手方に対する教示は原則として書面で行わなければならないものの，処分を口頭でする場合は口頭で教示することを認めている（行服法82条1項）。**また，利害関係人に対する教示の場合は，「教示を求めた者が書面による教示を求めたときは，当該教示は，書面でしなければならない」（同条3項）とされている。そのため，利害関係人から書面による教示が求められない場合には，教示が口頭で行われる余地もないわけではない。
2　誤り。教示制度は，行政不服審査法に基づく不服申立てだけでなく，他の法令に基づく不服申立てにも適用される（同法82条1項）。
3　誤り。教示は，利害関係人から請求することができる（行服法82条2項）。
4　誤り。行政庁が誤って教示を行った場合，不服申立人が当該教示通りに不服申立てを行っても，その不服申立ては無効にはならない（行服法22条1項，5項）。
5　正しい。行政不服審査法83条1項の通り。不服申立書が提出された場合には，初めから所定の不服申立てがなされたものとみなされる（同条4項，5項）。

正解　5

Q 81 行政不服審査(法)における執行停止

★★

執行停止について述べた次のうち,誤っているのはどれか。

1 不服申立てがなされた場合,行政処分の効力について,行政不服審査法では行政事件訴訟法と同様に,執行不停止の原則を採用している。
2 審査庁は,処分,処分の執行又は手続の続行により生ずる重大な損害を避けるため,緊急の必要があると認めるときでなければ,執行停止をすることができない。
3 行政庁の処分について審査請求が行われても,当該処分の効力,処分の執行又は手続の続行を妨げないが,処分庁の上級庁である審査庁は,必要があると認めるときは審査請求人の申出がなくても,職権により当該処分の効力,処分の執行又は手続の続行を停止することができる。
4 審査請求がなされても,裁決までにはある程度の時間を要するので,その間に審査請求人に取り返しのつかない損害が発生することもあり得る。そこで必要となるのが仮の権利保護の制度である。
5 取消訴訟において裁判所が執行停止をする場合,処分の効力,処分の執行又は手続の続行の全部又は一部の停止をすることができるにとどまるのに対し,審査請求においては,審査庁は執行停止としてその他の措置をできる場合もある。

正解チェック欄　1回目　2回目　3回目　A

1 正しい。審査請求・再調査の請求は，処分の効力，処分の執行又は手続の進行を妨げない（行服法25条1項，61条）。不服申立てがあった段階で処分の執行を停止すると，行政目的の達成が遅れること，申立ての濫用の恐れが大きいことが理由である。

2 誤り。「処分，処分の執行又は手続の続行により生ずる重大な損害を避けるため緊急の必要があると認めるとき」でなくても，**審査庁は必要があると認めれば，執行停止をすることができる（行服法25条2項〜4項）**。

3 正しい。行政事件訴訟法上の執行停止制度（行訴法25条2項）と異なり，行政不服審査法上の執行停止制度は，国民からの申立てによるほか，**職権による執行**も認めている（行服法25条2項）。

4 正しい。処分についての審査請求に関して，審査請求がされても原則として処分の執行は停止されない（**行服法25条1項，執行不停止の原則**）。なお，一定の場合には執行停止を命じる制度がある。

　執行停止には，審査庁等が必要と認めた場合に行うことができる**裁量的(任意的)執行停止**（同法25条2項，3項）と一定の条件が満たされた場合に行うことが義務付けられる**義務的(必要的)執行停止**（同法25条4項本文，ただし書）の2種類がある。前者は審査請求特有の制度であり，後者は行政事件訴訟法では存在しない。

　執行停止の申立てがあった場合，又は審理員が執行停止をすべき旨の意見書（同法40条）を提出した場合，審査庁は，速やかに，執行停止するかどうかを決定しなければならない（同法25条7項）。

5 正しい。行政事件訴訟法25条2項本文及び行政不服審査法25条2項（処分庁の上級庁又は処分庁であり審査庁は，必要があると認める場合には，審査請求人の申立てにより又は職権で，処分の効力，処分の執行又は手続の続行の全部又は一部の停止その他の措置（執行停止）をとることができる）の通り。

正解　2

Q 82 裁 決

★★★

審査請求の終わり方について述べた次のうち,適切な組合せはどれか。

A 審査請求の裁決は,書面でしなければならず,緊急を要する場合であっても,口頭ですることは認められていない。

B 審査請求人は,裁決があるまでいつでも審査請求を取り下げることができるが,その取下げは書面でしなければならない。

C 審査請求が法定の期間経過後にされたものであるとき,その他不適法であるときは,審査庁は棄却裁決を行う。

D 裁決においては,違法を理由として処分を取り消すことはできるが,不当を理由として取り消すことはできない。

E 事情裁決は,行政事件訴訟法の定める事情判決と同様,処分が違法であるときに一定の要件の下で行われるものであって,処分が違法ではなく,不当であるにとどまる場合においては行われることはない。

1 A,B
2 B,C
3 C,D
4 D,E
5 すべて適切

正解チェック欄 | 1回目 | 2回目 | 3回目 | **A**

A 適切。審査請求は，審査庁の裁決により終了する。裁決とは，審査請求に対する審査庁の判断をいう。裁決は，理由をつけて書面でしなければならない（行服法50条1項）。

B 適切。審査請求人は，裁決があるまでは，いつでも審査請求を取り下げることができる（行服法27条1項）。なお，審査請求の取下げは，書面でしなければならない（同条2項）。

C 不適切。これに該当するのは，**棄却裁決**ではなく**却下裁決**である。**審査請求の裁決**には，①適法でない審査請求がなされたときに出される**却下裁決**（不服申立ての要件を欠き不適法である場合など，本案の審理を拒否する判断），②審査請求の対象が適法かつ妥当なときに出される**棄却裁決**（審査請求に理由がない場合，これを退ける判断），③審査請求の対象が違法又は不当なときに出される**認容裁決**（審査請求に理由がある場合，これを認める判断）の3つがある。

D 不適切。処分が違法・不当であっても，公益的な観点から棄却裁決をする「**事情裁決**」の仕組みが用意されている（行服法45条3項）。処分が違法である場合のみならず，不当である場合にもなされる点で，行政事件訴訟法の事情判決(行訴法31条)とは異なる。

例えば，工事の許可処分の場合に，工事の大部分が既に進んでおり，処分を取り消して解体した場合，多額の費用がかかり，公共の福祉に反するといった場合などが挙げられる。

E 不適切。上述したように，**棄却裁決の1つとしての事情裁決**とは，審査庁は裁決の主文で，当該処分が違法又は不当であることを宣言するものの，審査請求自体は棄却する裁決である（行服法45条3項）。処分が違法である場合のみならず，不当である場合にもなされる点で，行政事件訴訟法上の事情判決（行訴法31条，特別の事情による請求の棄却）とは異なる。

正解 1

Q 83 裁決の効力

★★★

審査請求について述べた次のうち，適切でないのはどれか。

1 審査請求に対する裁決は，特別の規定がない限り，裁決庁自らにおいて取り消すことはできない。
2 処分の審査請求に理由がある場合には，処分庁の上級行政庁である審査庁は裁決で当該処分の全部又は一部を取り消すことができるものの，当該処分を変更することはできない。
3 行政不服審査法は，国民の権利利益の救済を図るとともに，行政の適正な運営を確保することを目的としているので，審査庁が裁決を行う場合には，審査請求人の不利益に処分を変更することを命じることはできない。
4 処分についての審査請求の裁決に不服がある者は，再審査請求をすることができるが，そのためには法律に再審査請求をすることができる旨の定めがなければならない。
5 処分庁の上級行政庁である審査庁は，営業免許取消処分に対する審査請求に理由があると認めるときは，原処分を営業停止処分に変更する裁決をすることが可能である。

| 正解チェック欄 | 1回目 | 2回目 | 3回目 | **A** |

1 適切。行政行為のうち,行政上の不服申立てに対する裁決・決定(行服法45条以下,58条以下,64条以下)などのような**争訟裁断行為**には,行政庁が職権で取消し・撤回・変更をなし得ないという効力が生じるとされている。このように紛争解決のための裁断作用として行われた行政行為を,行政庁自らが取消し又は変更できないとする効力のことを**不可変更力**という(**実質的確定力**ともいう)。裁決・決定には,権限ある機関がいったん下した判断である以上,自らその判断を覆(くつがえ)し得ないとする不可変更力が生じる。

2 不適切。処分の審査請求に理由がある場合には,処分庁の上級行政庁である審査庁は裁決で当該処分の全部又は一部を取り消すことができるとともに,当該処分を変更することもできる(行服法46条1項,処分についての審査請求の認容)。

3 適切。選択肢前半部分は,行政不服審査法1条の後半部分にある通りである。後半部分についても,審査庁が処分庁の上級処分庁であるときは,審査庁は裁決で当該処分を変更すべきことを命じることができる(同法46条1項)が,**審査請求人の不利益に当該処分を変更すべきことを命ずることはできない**(同法48条,不利益変更の禁止)とされている。

4 適切。行政不服審査法6条(再審査請求)の規定の通りである。再審査請求は,他の法律に定めがある場合に例外的に行うことができる。健康保険に関する不服申立て(健康保険法189条1項前段,及び後段)や労働者災害補償保険に関する不服申立て(労働者災害補償保険法38条,40条)などで再審査請求が認められる。

5 適切。処分に対する審査請求に理由がある場合は,認容裁決で当該処分の全部又は一部を取り消し,又は変更する(行服法46条1項本文)。ただし,審査庁が上級行政庁又は処分庁のいずれでもない場合には,当該処分を変更することはできない(同項ただし書)。

正解　2

Q84 個別法による特例的不服申立手続

★★★

「個別法による特例的不服申立手続」について述べた次のうち，適切でない組合せはどれか。

A　特例的手続の重要性：行政不服審査法は行政上の不服申立てに関する一般法ではあるが，実際に多く利用されている不服申立ては，個別法が定めた特例モデルである。

B　労働関係：労働者災害補償保険法では，審査請求前置が法定されており，審査請求に対する労働者災害補償保険審査官の決定を経た上でなければ取消訴訟を提起することはできない。

C　社会保険関係：健康保険法では，社会保険審査官への審査請求前置が定められている。

D　公務員関係：地方公務員法上，職員に対する不利益処分については，処分を受けた公務員は人事委員会又は公平委員会に対して審査請求を行い，その後でしか取消訴訟を提起できない。

E　地方税関係：固定資産税に関しては，その登録価格に不服がある場合には，固定資産評価審査委員会（行政委員会）に対して審査の申出を行う。

1　A，B
2　B，C，E
3　C，D
4　A，B，C，D
5　すべて適切

正解チェック欄 1回目 2回目 3回目 **A**

A　適切。「行政不服審査法等の施行状況に関する調査結果」（平成27年12月総務省）を見ても，個別法を根拠にした不服申立てが多い実態がわかる。例えば，行政不服審査法を広く適用除外している社会保険関係（健康保険法，船員保険法，厚生年金保険法及び国民年金法に基づくもの）の不服申立件数（国の機関）は63,674件であり，不服申立件数（総数88,505件）の72％を占めている。

B　適切。審査請求前置の規定（労働者災害補償保険法40条）は，大量の不服申立てが直接裁判所に持ち込まれることによる裁判所の負担を回避するためにある。更に労働保険審査会への再審査請求の規定も存在する（同法38条1項）。もっとも**再審査請求を行うか取消訴訟を提起するかは，審査請求人の選択に委ねられている**。同様の仕組みは雇用保険法にもある（同法71条，雇用保険審査官への審査請求前置，69条1項，労働保険審査会への再審査請求）。

C　適切。審査請求前置の理由は，**不服申立ての大量性**のほか，社会保険審査会への再審査請求の規定（健康保険法189条1項）がある。健康保険法と同じ仕組みは，船員保険法（138条1項，141条），厚生年金保険法（90条1項，91条の3），国民年金法（101条1項，101条の2）等にもある。

D　適切。審査請求前置がとられた理由は，**第三者性のある機関による専門的審査**による公平性の確保，それを先行させることによる裁判所の負担軽減への期待にある。国家公務員法でも，人事院に対する審査請求（同法90条1項）及審査請求前置（同法92条の2）が定められ，地方公務員法（49条の2，51条の2）と同様の仕組みが存在する。

E　適切。審査の申出を行う根拠規定は，地方税法432条1項にある。更に取消訴訟を提起するためには**固定資産評価審査委員会の決定**を経る必要があり（審査請求前置），また，取消訴訟は同委員会決定の取消訴訟として提起しなければならない（同法434条）。

正解　5

Q.85 自治体の行政不服審査制度

★★★

自治体における行政不服審査制度について述べた次のうち，適切でないのはどれか。

1 審査庁は処分庁の最上級行政庁とされるのが原則であるが，「条例に基づく処分」の場合には条例で特別の定めを置くことができる。

2 審理員は手続を公正にするという観点から設けられる制度であるので，第三者機関が審査庁であるなどの場合にはこれを採用しないことが認められている。

3 第三者機関の設置について，国の場合は審理員による審理に加え，行政不服審査会等の第三者機関を置き，諮問が原則として義務付けられているが，地方公共団体の場合このような制度は求められていない。

4 多様な法律案件を専門的に審査できるような第三者機関の設置は，自治体の場合には国の場合よりも困難な課題であるものの，案件の多い地方税，生活保護関係の事件を堅実に裁くことのできる体制を整えることは必要不可欠である。

5 市町村長が行う法定受託事務については，法令の適正な執行を確保する責務を負う立場にある者による審査の機会を確保するという趣旨から，審査請求の相手方は，都道府県知事とするという特別の定めが置かれている。

| 正解チェック欄 | 1回目 | 2回目 | 3回目 | A |

1 適切。審査すべき行政庁は，行政不服審査法4条では「審査請求は，法律(**条例に基づく処分については，条例**)に特別の定めがある場合を除くほか，次の各号に掲げる場合の区分に応じ，当該各号に定める行政庁に対してするものとする」と規定している。

2 適切。行政不服審査法9条1項ただし書（審理員）には，「次の各号のいずれかに掲げる機関が審査庁である場合若しくは条例に基づく処分について条例に特別の定めがある場合又は第24条の規定(**審理手続を経ないでする却下裁決**)により当該審査請求を却下する場合は，この限りでない」とある。その他，同条1項3号や1項柱書により審理員制度によらないことが認められている。

3 不適切。地方公共団体の場合にも，基本的には「執行機関の付属機関」として第三者機関を置くことが求められている（行服法81条1項）。条例で定めるところにより（例：自治紛争処理委員など，自治法251条），**事件ごとに臨時に置くことができる**とされる（**行服法81条2項**）。また諮問機関を複数の地方公共団体で共同設置すること（自治法252条の7）や，他の地方公共団体に委託すること（同法252条の14）なども可能である。

4 適切。平成27年12月「行政不服審査法等の施行状況に関する調査結果」を見ても，不服申立ては，平成26年度の総数24,770件は前回の平成23年度と比較して6,480件増加，審査請求は15,674件（＋9,256件）で，内訳は生活保護法に基づくものが8,278件（＋7,291件），介護保険法が2,385件（＋1,195件）である。

5 適切。市町村長が行う法定受託事務の場合，都道府県知事は市町村長の上級行政庁ではなく，法律に特別の定めがなければ，審査請求の相手方は市町村長である（行服法4条1号）。しかし，市町村長が行う法定受託事務については，法令の適正な執行を確保する責務を負う立場にある者による審査の機会を確保するという趣旨から，**審査請求の相手方は都道府県知事とするという特別の定め**が置かれている（自治法255条の2）。

正解 3

Q 86 審査請求先・再審査請求先

★★★

次は審査請求先や再審査請求先の例であるが，適切でない組合せはどれか。

1. 地方陸運局長がしたタクシー料金認可申請に対する決定に不服がある場合―国土交通大臣に審査請求
2. 建築主事による建築確認や特定行政庁（市長等）による建築中止命令に対する不服がある場合―建築審査会に対して審査請求
3. 産業廃棄物処理場の設置許可（都道府県の権限）は，法定受託事務であるので，設置許可又は不許可の決定に対する不服申立て―都道府県知事に対する審査請求
4. 市町村長や福祉事務所長による生活保護の申請に対する決定に対して不服がある場合―都道府県知事に対して審査請求（をすることが可能）
5. 知事の裁決に対して更に不服がある場合―厚生労働大臣に対して再審査請求（をすることが可能）

正解チェック欄　1回目　2回目　3回目　A

　行政処分又は（処分の）不作為に対して不服がある場合には，国民は審査請求をすることができる。**審査請求は，原則として処分をした（又は不作為）行政庁の最上級庁（国の場合には各省大臣，地方公共団体の場合には都道府県知事の場合が多い）に対して行う。**

1　適切。審査庁は原則として最上級行政庁であることからすれば，大臣への申請が適切である（道路運送法9条参照）。

2　適切。個別法により，第三者機関等に対する審査請求の規定があればそれに従うことになる。このケースの場合，建築基準法94条（不服申立て）が該当する。

3　不適切。個別法で再審査請求の定めのあるケースである。**法定受託事務であるので，地方自治法255条の2により，都道府県知事ではなく，環境大臣**に対する審査請求になる。

　なお，許可権限を廃棄物の処理及び清掃に関する法律24条の2第1項により市長が行う場合には，市長による許可（又は不許可）決定に対する不服申立ては，知事に対する審査請求となり，審査請求に対する知事の裁決に更に不服がある場合には，環境大臣に対して再審査請求を行うことができる（同条2項）。

4　適切。冒頭に述べた原則から，正しい（生活保護法64条参照）。

5　適切。生活保護法66条に基づき，再審査請求は可能である。また，再審査請求ができる旨の規定があっても，再審査請求をするか否かは申立人の自由である。なお，地方公共団体の機関がした処分について，国の機関が審査請求や再審査請求という形で関与する場合，このような制度を**「裁定的関与」**と呼んでいる。ただし，地方公共団体の機関の処分について，本来，国の機関は上級行政庁ではない。したがって裁定的関与は，国民の権利保障の観点では望ましい面もあるものの，地方自治の保障の観点からは，国による地方への介入となるので避けたい側面もあり，その在り方が問われている（自治法245条参照）。

正解　3

Q 87 審査請求と取消訴訟の関係

★

審査請求と取消訴訟の関係について述べた次のうち，適切でないのはどれか。

1 審査請求が不適法であった場合（審査請求が却下された事例）には，審査請求前置の要求を満たしたことにはならず，取消訴訟は許されない。

2 一定の場合には，審査請求前置の要請を緩和して，審査請求に対する裁決を経ることなく，行政訴訟を提起することが認められている。

3 審査請求を経た者が取消訴訟を提起しようとする例として，住民が自己の選択で審査請求を行ったが救済が図られなかったため，行政訴訟を提起しようとする場合のほか，審査請求前置を定める法令により審査請求を経て，行政訴訟の提起に至る場合がある。

4 行政事件訴訟法では，原処分取消訴訟と裁決取消訴訟の利用が可能な場合について，その利用方法を規定している。原処分の違法は原処分取消訴訟で審理するというルールであり，「原処分主義」と呼ばれる。

5 裁決において原処分の違法性を争い得る「裁決主義」は，現行法上認められておらず，裁決取消訴訟の中では原処分の違法を主張することはできない。

| 正解チェック欄 | 1回目 | 2回目 | 3回目 | A |

1 適切。例えば，労働者災害補償保険審査官への審査請求前置の仕組みの下で，審査請求期間の徒過を理由に却下の裁決を受けた後に，原処分（不支給処分）の取消訴訟を提起することは許されない。理由として，このような取消訴訟を認めることは審査請求期間を定めた法律の趣旨に反するほか，審査請求を実体審理する機会が審査庁に与えられていない点がある（最判昭30.1.28）。

2 適切。一定の場合とは，①審査請求があった日から3か月を経ても裁決がない場合（行訴法8条2項1号），②緊急の必要がある場合（同項2号），③裁決を経ないことに正当な理由がある場合（同項3号）である。いずれも審査請求前置を求めることが，原告に厳しすぎると判断される場合である。

3 適切。これらの事例では，当該住民には①原処分と②審査請求に対する裁決という2つの処分が存在する。2つの処分に対し，取消訴訟をどのように使うかという問題が生じることとなる。

4 適切。行政事件訴訟法10条2項の通り。**原処分主義**では，原処分の違法を主張するためには，原処分の取消訴訟を提起しなければならない（裁決取消訴訟では，原処分の違法を主張できない）。

裁決取消訴訟では，裁決に固有な違法事由だけを主張することができる（例：裁決手続における理由付記の不備といった違法の主張）。原処分主義により，原処分の違法を主張するためには原処分取消訴訟による必要があり，裁決取消訴訟の中では原処分の違法の主張はできない。

5 不適切。前段の「「裁決主義」は…認められておらず」は，海難審判法44条など裁決の取消訴訟の提起が現行法上規定されている（これを裁決主義という）ので誤り。原処分の違法を主張したい場合は原処分の取消訴訟を提起しなければならない（原処分主義）が，個別法で裁決主義が規定される場合は，原処分に対する取消訴訟を提起できないため，裁決の取消訴訟で原処分の違法を争うことが可能。よって，後段の記述も誤り。

正解 5

Q88 その他の行政上の救済制度

★★

「その他の行政上の救済制度」について述べた次のうち、適切な内容の組合せであるのはどれか。

A 行政不服申立てよりも、簡易迅速な紛争処理の手法として、「苦情処理」がある。これは市民の苦情に対して、行政機関が何らかの対応をすることをいう。

B 条例制定により、オンブズパーソン（Ombudsperson）制度を導入している地方公共団体もある（川崎市市民オンブズマンなど）。

C 私人間の紛争について、行政機関による紛争処理の仕組みが特に置かれる場合がある。これを行政型ＡＤＲ（Alternative Dispute Resolution＝裁判外紛争処理制度）という。

D 不服申立ての中には、行政委員会（公正取引委員会等）の独立性の高い機関が、司法手続に準ずる行政手続により審判（当事者双方が出頭する対審）の形式で行うものがある。これを行政審判と呼ぶ。

E 行政相談員制度は、行政相談員法に基づき、行政相談員が、国の提供する行政サービスに対する苦情や、行政の仕組み・手続に関する相談などを受け付けている。

1　A，B
2　A，B，C
3　B，C，D
4　C，D，E
5　すべて適切

| 正解チェック欄 | 1回目 | 2回目 | 3回目 | A |

A 適切。苦情処理には，行政機関が窓口で事実上行っている非公式なものが圧倒的に多い。**総務省設置法4条21号に基づく「行政苦情あっせん」**のように，かなりの程度制度化されたものもある。処理の結果に不服がある場合でも訴訟を提起できない点に限界があるものの，手続が簡易で，不服の対象や申立ての資格も限定されないという長所がある。

B 適切。**オンブズパーソン**は，市民の苦情を受け付け，中立的立場から原因を究明し，是正勧告等を行う制度である。**この制度は，行政監視という要素が強い**。スウェーデン発祥で，世界各国に広がっているが，わが国ではいまだ法制化はされていない。

C 適切。一般私人同士の民事に関する紛争に対して，行政機関が処理する手続が設けられている場合を行政型ＡＤＲと呼んでいる（裁判外紛争解決手続の利用の促進に関する法律）。**行政型ＡＤＲの特徴**は，他のＡＤＲ手続と同様に，中立的で第三者的な機関として行政機関が介入することで，どちらか一方の当事者に偏ることなく，公平な解決へ導くことが可能であることである。また，行政機関が持っている専門的・技術的な知識が利用されることで，迅速な紛争解決に役立つといわれている。

D 適切。**行政審判**とは，行政委員会等のように独立性・中立性を保障された機関（例：公害等調整委員会設置法5条，人事院規則13－1第22条）が，審判手続において現れた証拠に基づく厳格な事実認定の仕組み（例：海難審判法37条），公開の口頭審理手続（例：国公法91条2項，地公法50条1項，海難審判法31条，34条），処分庁と申立人の対審構造を含む準司法手続を用い審理を行うものである。行政審判に関する一般法はなく，個別法を根拠に創設されている。

E 適切。設問の通りである。全国の市町村には，**行政相談委員法に基づき**，総務省の委嘱を受けた行政相談員が5000人程配置されている。

正解 5

Q89 行政審判の類型

★

次は，行政機関が裁判類似の手続によって紛争処理に当たる類型としての行政審判の例であるが，該当しない（適切でない）のはどれか。

1　公務員に対する不利益処分についての人事院，人事委員会又は公平委員会が行う審査請求手続
2　不当労働行為にかかる労働委員会の救済命令手続
3　鉱業権の設定申請に対する処分に不服のある者が公害等調整委員会に対して行う裁定手続
4　私的独占の禁止及び公正取引の確保に由する法律（独占禁止法）の定める審判手続
5　海難審判所の審判手続

正解チェック欄　1回目　2回目　3回目　A

　不服申立ての中には，行政委員会（公正取引委員会等）等の独立性の高い機関が，司法手続に準ずる行政手続により審判（当事者双方が出頭する対審）の形式で行うものがある。これを**行政審判**という。その特徴は，①審判機関に通常の審査庁よりも高い独立性が与えられ，合議制がとられていること，②不服申立ては書面審理が原則であるのに対し，行政審判では口頭審問が行われること，③行政審判は準司法手続により慎重に行われる判断であるため，第一審を省略して，東京高等裁判所に対して提起するものとされている場合があること（海難審判法44条など），④行政審判による事実認定に実質的証拠があるときは，その事実認定に裁判所を拘束する力が認められること（電波法99条など，実質的証拠拘束）がある。

1　適切。**国家公務員や地方公務員の不利益処分に対する不服申立てについては，公務員法上は審査請求として定められている**。行政不服審査法第2章の規定は適用されず，公務員法で独自に規定されている（国公法90条3項，地公法49条の2第3項）ことから，**行政審判**として分類されている。

2　適切。労働組合法27条以下に規定されている。

3　適切。鉱業法133条1号に基づく鉱業権設定に対する不服について，公害等調整委員会が行う裁定手続については，鉱業等に係る土地利用の調整手続等に関する法律25条以下に規定されている。

4　不適切。これまで独占禁止法の定める審判手続は行政審判の代表例であった。しかし公正取引委員会の審判手続の公正性に対する疑念から，平成25年の改正で廃止された。改正法では，公正取引委員会による審判手続に代えて東京地裁による審理（専属管轄）が導入されている（同法85条）。

5　適切。海難審判所の審判手続については，海難審判法30条以下に規定されている。

正解　4

Q90 不服申立前置主義

★★

次は，平成26年の整備法（行政不服審査法の施行に伴う関係法律の整備等に関する法律）の成立により不服申立前置の大幅な見直しが実現したものの，なお前置が認められる理由と該当する法律の例である。妥当でないのはどれか。

1 一審代替性がある場合—電波法，放送法，特許法など
2 大量の不服申立てがなされる場合—地方税法，国税通則法，健康保険法など
3 一審稀有性がある場合—オウム真理教犯罪被害者等を救済するための給付金の支給に関する法律など
4 第三者機関の関与がある場合—更生保護法，宗教法人法，自衛隊法など
5 その他特別の理由がある場合—地方自治法，犯罪被害財産等による被害回復給付金の支給に関する法律など

正解チェック欄　1回目　2回目　3回目　A

平成26年の整備法（法律第69号）により，不服申立前置は戦後初となる大幅な見直しが実現した。それでもなお48本の前置が認められる法律が残されている。

1　妥当。**不服申立ての手続に一審代替制（高等裁判所に提訴）があり，国民の手続負担の軽減が図られている**と考えられるもの。つまり，訴訟の第一審が実質的に不服申立てにより代替されているものについては，行政争訟手続全般を通じて，国民の手続的負担の緩和が図られていると評価できるとされる。

2　妥当。**大量の不服申立てがあり，直ちに出訴されると裁判所の負担が大きくなる**ものと考えられるもの。社会保険関係（健康保険法・国民年金法・厚生年金保険法など），労働保険関係（労働者災害補償保険法・雇用保険法など），税関係（地方税法・国税通則法など），福祉関係（社会保険関係を除く。生活保護法・高齢者の医療の確保に関する法律・介護保険法など）がこれに該当する。

3　妥当でない。一審稀有性などの分類方法はない。よって誤りである。なおオウム真理教犯罪被害者等を救済するための給付金の支給に関する法律は，4の「第三者機関」に該当する。

4　妥当。**第三者機関が高度に専門技術的な判断を行うことなどにより，裁判所の負担が軽減される**と考えられるもの。つまり，専門的な知見を有する第三者機関が不服申立ての手続に関与すると，公正で専門的な審理が期待でき，国民の権利利益の救済に資するほか，争点・証拠などの整理が行われることにより，裁判所の迅速な審理にも資するとして前置が認められている。国家公務員法，地方公務員法，自衛隊法，国民健康保険法，公害健康被害の補償等に関する法律，関税法，売春防止法などその例は多い。

5　妥当。**その他議会への諮問や複数の犯罪被害者間の利害調整など特別の理由がある**と考えられる（例：自治法，犯罪被害財産等による被害回復給付金の支給に関する法律）。

正解　3

Q 91 不服申立てと行政事件訴訟との違い

★★★

行政不服申立てと行政事件訴訟との違いなどについて述べた次のうち，妥当でないのはどれか。

1 不服申立ても行政事件訴訟も，行政作用による国民の権利利益救済のため，国民からの申立てにより審査する制度である。
2 不服申立ては，適法か違法かの法律問題の判断のみならず，行政作用が妥当か不当かの問題にも及ぶ。
3 不服申立ては簡易・迅速な手続であり，対審構造を取らず，書面審理主義，職権探知主義を採用している。
4 不服申立ては，原則として不服申立てと行政事件訴訟の選択を国民の自由な判断に委ねる，自由選択主義を採用している。
5 平成26年の行政不服審査法の全面改正によって，個別法の規定による，行政事件訴訟の前に不服申立て（審査請求）を経ることの要件（審査請求前置主義）も全廃された。

| 正解チェック欄 | 1回目 | 2回目 | 3回目 | **A** |

1 妥当。**不服申立て**は，市民の申立てに基づき，行政の適正な運営確保を目的とする。一方，**行政事件訴訟**は国民の権利利益の救済を主たる目的としており，行政の適正な運営はあくまでも主たる目的に付随するものである。

2 妥当。行政不服審査法1条1項の規定通り。**不当とは，違法ではないが，制度の趣旨・目的に照らして裁量権の行使が適正を欠く場合**をいう。したがって，不当性の審査とは，行政権の行使が法令違反とまではいえない場合の裁量権行使が妥当性を欠くか否かの審査をいう。一方，行政事件訴訟は，原則として違法か適法かの法律問題が中心であり，当不当の判断は，裁量権の踰越や濫用がある場合のみ対象となる（行訴法30条）。

3 妥当。**書面審理主義（行服法19条）**には，専門技術的な知識で，より迅速・的確な審理ができ，費用が低廉である反面，十分な審理が尽くせないという問題がある。行政事件訴訟は，慎重・公正・適正な手続を旨として**対審構造をとり，口頭弁論主義を採用している**ので，十分な審理が期待できる反面，時間と費用がかかるという問題がある。

4 妥当。両者が並行して提起されている場合は，裁判所は，裁決があるまでは自由裁量により訴訟手続を中止することができる（行訴法8条3項）。**この趣旨は，自己の権利救済は，自己の自由な判断に委ねるのが最も国民の利益にかなうとの判断**によるものである。

5 妥当でない。原則として，審査請求をすることができる処分については，先に審査請求を提起しても，直ちに訴訟を提起してもよい（**行訴法8条1項本文，自由選択主義**）。ただし，例えば課税処分の場合のように，個別法が，審査請求を経た後でなければ訴えを提起できないと定めている場合（地方税法19条の12，審査請求前置）も，改正法で縮小されたとはいえ，まだ48本の法律が残されている。

正解 5

Q 92 取消訴訟における訴えの利益

★★

取消訴訟における訴えの利益に関する記述として妥当なのは，次のどれか。

1 取消訴訟においては，行政庁の処分の存在は要件とされていないので，行政庁の事実行為により不利益を受けた場合にも，すべて行政訴訟上訴えの利益が認められる。

2 取消訴訟においては，処分又は裁決の効果が期間の経過その他の理由によりなくなった後においても，処分又は裁決の取消しによって回復すべき法律上の利益が存在する限り，訴えの利益が認められる。

3 取消訴訟は，当事者に現実的救済を与えることを目的としていないので，処分の取消しが得られた場合に，原告が現実に利益の回復が得られる状態になくとも，訴えの利益は認められる。

4 取消訴訟において，最近の判例は，訴えの利益を従来よりも厳格に，また制限的に解しており，従来の見解では反射的利益の侵害として訴えの利益が認められた場合についても，これを否定する傾向にある。

5 取消訴訟における訴えの利益は，もっぱら経済的損失の救済の観点から認められるので，国家賠償法に基づく損害賠償の請求を行う場合には，その前提として必ず当該処分の取消しを求める訴えを提起しなければならない。

正解チェック欄　1回目　2回目　3回目　**A**

1 誤り。**取消訴訟**は，行政庁の違法な処分又は裁決が要件とされている。この行政庁の処分には，公権力の行使に当たる事実行為（道路，河川工事，違法な広告物の撤去など）が含まれる。

2 正しい。「処分又は裁決の効果が期間の経過その他の理由によりなくなつた後においてもなお処分又は裁決の取消しによつて**回復すべき法律上の利益**を有する者を含む」としている（行訴法9条カッコ書）。

　例えば，地方議会から除名処分にされた議員が除名処分の取消訴訟を提起し，訴訟継続中に議員の任期満了となったような場合などがこれに当たる。客観的な訴えの利益がもうないから却下といきたいところだが，議員でいたはずの期間の議員報酬の請求権は当然にあるから，その限りで**訴えの利益**はあることになる。

3 誤り。取消訴訟は現に蒙(こうむ)っている権利利益の救済を目的とする。何らの派生的利益もない場合には，訴えの利益は否定される。

4 誤り。訴えの利益を広く解する方向にあり，逆である。

5 誤り。行政行為が違法であることを理由として損害賠償を請求するのは，行政行為の法効果の否認を求めるのではなく，**違法な行為に起因する現実の損害の補填(ほてん)を目的**とするのであるから，あらかじめ当該行政行為の取消しを求めなくても，直ちに損害賠償を請求できる（最判昭36.4.21）。

正解　2

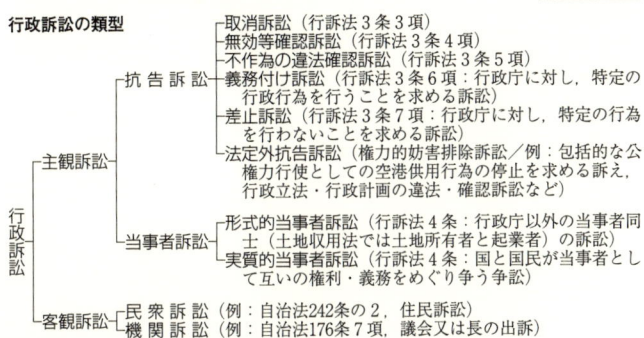

行政訴訟の類型

```
                    ┌─ 取消訴訟（行訴法3条3項）
                    ├─ 無効等確認訴訟（行訴法3条4項）
                    ├─ 不作為の違法確認訴訟（行訴法3条5項）
            ┌抗告訴訟├─ 義務付け訴訟（行訴法3条6項：行政庁に対し，特定の
            │       │   行政行為を行うことを求める訴訟）
            │       ├─ 差止訴訟（行訴法3条7項：行政庁に対し，特定の行為
            │       │   を行わないことを求める訴訟）
            │       └─ 法定外抗告訴訟（権力的妨害排除訴訟／例：包括的な公
    ┌主観訴訟│          権力行使としての空港供用行為の停止を求める訴え，
    │       │          行政立法・行政計画の違法・確認訴訟）
行政│       │       ┌─ 形式的当事者訴訟（行訴法4条：行政庁以外の当事者同
訴訟│       └当事者訴訟│   士（土地収用法では土地所有者と起業者）の訴訟）
    │               └─ 実質的当事者訴訟（行訴法4条：国と国民が当事者とし
    │                   て互いの権利・義務をめぐり争う争訟）
    └客観訴訟┬民 衆 訴 訟（例：自治法242条の2，住民訴訟）
            └機 関 訴 訟（例：自治法176条7項，議会又は長の出訴）
```

Q 93 執行不停止の原則

★★

行政事件訴訟に関する記述として妥当なのは、次のどれか。

1 わが国の現行の行政訴訟制度は、司法裁判と別の行政裁判所を設ける行政裁判制度をとっている。
2 処分の取消しの訴えの提起は、処分の効力、処分の執行又は手続の続行を妨げないものとする執行不停止の原則がとられている。
3 行政訴訟は、行政上の不服申立てに比べ、一般に簡易迅速性という長所を持つ反面、公正性に欠けるという短所がある。
4 個々の法律による不服申立前置が定められている場合は、いかなる場合であっても、裁決を経ないでは、処分の取消しの訴えを提起することはできない。
5 ある処分につき不服申立てと処分の取消しの訴えが並行して提起されている場合にあっても、裁判所は訴訟手続を中止することができない。

| 正解チェック欄 | 1回目 | 2回目 | 3回目 | **A** |

1 誤り。わが国において**行政裁判制度**（行政事件の裁判のために行政部内に設けられる裁判所で，司法裁判所とは系統を異にする）がとられていたのは明治憲法（明治22年2月11日公布，明治23年11月29日施行）下のことであり，現行憲法では特別裁判所の設置が否定されている（憲法76条2項）。これにより行政事件訴訟も，民事・刑事の訴訟と同様，**司法裁判所**の管轄とされている。

2 正しい。行政の円滑な運用を保障し，濫訴の弊害を防止するため，行政事件訴訟法25条1項は，まず「**執行不停止**」を原則とし，例外的に，重大な損害を避けるため緊急の必要があるとき，裁判所は執行停止を決定し得るとした（同条2項）。更に，**内閣総理大臣**は，執行停止に対して**異議**を述べることができる（同法27条1項）。この異議があったときは，裁判所は，執行停止をすることができず，また，既に執行停止の決定をしているときは，これを取り消さなければならない（同条4項）。

3 誤り。**行政訴訟は，対審構造・口頭弁論主義**が原則であり慎重な手続で法の適用を図るので，**不服申立て（書面主義・職権主義が原則）** に比べ，公正ではあるが簡便さに欠けるところがある。

4 誤り。行政事件訴訟法は，不服申立前置が定められている場合でも，次の場合には，裁決を経ないで処分取消しの訴えを提起することができるとしている（同法8条2項）。
 (1) 審査請求があった日から3か月を経過しても裁決がないとき
 (2) 処分，処分の執行又は手続の続行により生ずる著しい損害を避けるため緊急の必要があるとき
 (3) その他裁決を経ないことにつき正当な理由があるとき

5 誤り。当該処分につき審査請求がされているときは，裁判所は，その審査請求に対する裁決があるまで（審査請求があった日から3か月を経過しても裁決がないときは，その期間を経過するまで），訴訟手続を中止することができる（行訴法8条3項）。

正解 2

Q 94 取消訴訟における執行停止

★★

取消訴訟における執行停止に関する記述として正しいのは，次のどれか。

1 取消訴訟においては，国民の権利保護に重点がおかれていることから，訴えの提起があれば，当然に当該行政処分の効力又はその執行は停止される。
2 裁判所は，処分・処分の執行又は手続の続行により重大な損害を生ずるか否かを判断するに当たっては，損害の回復の困難の程度を考慮し，損害の性質・程度などをも勘案する。
3 執行停止の効果は，執行停止決定後将来に向かって生じることはもちろん，原則として当該処分が行われた時点まで遡及する。
4 執行停止の制度は，民事訴訟法における仮処分の制度に代わるものとして行政事件訴訟法上認められたものであり，当事者訴訟や争点訴訟にも準用される。
5 裁判所は，執行停止を決定した後，その理由が消滅し又は事情が変更したと認めるときは，相手方の申立てによることなく職権で決定を取り消し得る。

行政争訟 —— 189

正解チェック欄 1回目 2回目 3回目 A

民事訴訟では，原告の仮の権利保護のため，**「仮処分命令」の制度**がある（民事保全法2条）。しかし，仮処分は比較的簡単に認められるため，行政活動が停滞する恐れが生じる。そこで，**行政訴訟では仮処分を認めていない**（行訴法44条）。

しかし，行政訴訟においても，原告の仮の権利保護を図る必要性はあるので，「執行停止の制度」が「仮処分」の代わりに設けられた。

行政事件訴訟法25条1項で「執行不停止」を原則としているが，重大な損害を避けるため，緊急の必要があるときには執行停止が可能となる（同法25条2項，3項）。なお，**執行停止**は，行政不服審査法にも同様の制度がある（行服法25条1項）。例えば，税務署長が賦課決定した税額について不服申立ての期間中であっても，納期限は延長されない。賦課された額の税を納付しない場合には，告知・督促・滞納処分という手続が一方的に進められる。

1 誤り。行政事件訴訟法は，**執行不停止を原則**とし，例外的に執行停止を認めている（行訴法25条1項〜3項）。

   訴えの提起によって原則的に執行を停止することになれば，行政権の作用に重大な影響を及ぼし行政の円滑な運営を妨げるのみならず，濫訴の弊害を生ずる恐れがあるからである。

2 正しい。行政事件訴訟法25条3項の規定の通りである。

3 誤り。執行停止の決定は，対世的効力（判決の効力が訴訟当事者のみならず第三者に対しても及ぶこと）を生じ，当事者及び関係行政庁を拘束するが，その効果は，決定後将来に向かって生じ遡及はしない。

4 誤り。**執行停止は，当事者訴訟や争点訴訟には準用されない**。

5 誤り。行政事件訴訟特例法（昭和23年制定・昭和37年廃止）は，裁判所において職権でいつでもこれを取り消し得るとしていた（同法10条6項）が，行政事件訴訟法（昭和37年制定）は，相手方の申立てにより，執行停止の決定をもって取り消し得るとした（行訴法26条1項）。

正解　2

Q 95 行政処分の取消しの訴え

★

行政処分の取消しの訴えに関する記述として, 正しいのはどれか。

1 処分の取消しの訴えは, 違法な行政活動によって生じる権利侵害に対して, 被害者に具体的救済を与えることを目的とした主観訴訟なので, 原告適格を有するのは, 行政処分の直接の相手方に限られる。

2 地方公共団体における独立性を有する執行機関である委員会等の行った処分の取消訴訟について, 処分の取消しの訴えの被告となるのは地方公共団体であるが, その代表者は長である。

3 処分の取消しの訴えは, 処分があったことを知った日から3か月以内に提起しなければならず, 処分の日から1年を経過すると, 裁判所が出訴できなかったことについて正当な理由があると認定しても, 訴えの提訴は認められない。

4 処分の取消しの訴えがある場合には, 裁判所は当該処分の執行停止の決定をしなければならないが, 内閣総理大臣が裁判所に異議を述べた場合, 裁判所は執行停止の決定をすることができない。

5 処分の取消しの訴えに対する請求認容の判決の効力は, その訴訟の当事者だけでなく, 訴訟に参加しなかったため自己の法律上の利益を主張できなかった第三者に対しても及ぶ。

正解チェック欄　1回目　2回目　3回目　**A**

1 誤り。**処分の取消しの訴えにおいて原告適格を有する者**は，行政事件訴訟法9条により，当該処分の取消しにおいて法律上の利益を有する者であるが，この範囲は当該処分の直接の相手方に限られない（最判昭31.7.20）。なお，平成16年改正法は，原告適格を定める行政事件訴訟法9条1項について，原告適格の拡大という立場から同条2項の解釈規定を設けることとなった。

2 誤り。地方公共団体において，独立性が認められた委員会等の処分に関する訴訟においても，長が訴訟行為を行うとすると，委員会等の独立性が損われる恐れがある。平成16年改正法附則は，**独立性を有する執行機関の行った処分の取消訴訟について，被告としては地方公共団体となるが，代表者を，長ではなく執行機関とする**という特則を個別の法律に置く改正を行った。

3 誤り。行政事件訴訟法14条1項は，取消訴訟の出訴期間を処分又は裁決のあったことを知った日から6か月と定めている（**主観的出訴期間**）。他方，同法14条2項（処分又は裁決のあったことを知らなかったとしても）は，取消訴訟の出願期間は，処分又は裁決の日から1年と定めている（**客観的出訴期間**）。いずれの場合も，ただし書で例外を定め「正当な理由があるときは，この限りでない」と規定する（行訴法14条3項）。

4 誤り。**処分の取消しの訴えの提起**は，処分の効力，処分の執行又は手続の続行を妨げない（行訴法25条1項）として執行不停止が原則である。また，処分の執行等によって生ずる重大な損害を避ける等の必要がある場合，例外的に**執行停止の制度**があり（同法25条2項），この例として，**内閣総理大臣の異議申立て**がある（同法27条）。

5 正しい。処分を取り消す判決は，民事訴訟法の原則と異なり，第三者に対しても効力を有する（行訴法32条1項）。したがって，**第三者保護**のため，第三者の訴訟参加（同法22条）や第三者の再審の訴え（同法34条）の規定が設けられている。

正解　5

Q96 自由選択主義

★★

行政事件訴訟法の定める「処分取消しの訴え」と行政不服審査法の定める「審査請求」との関係において，最も基本的な原則は，次のどれか。

1 審査請求前置主義
2 原処分主義
3 裁決主義
4 訴願前置主義
5 自由選択主義

| 正解チェック欄 | 1回目 | 2回目 | 3回目 | A |

行政事件訴訟法（昭和37年制定）は，行政事件訴訟特例法（昭和23年制定）時の訴願前置主義を廃止して，「処分の取消しの訴えは，当該処分につき法令の規定により審査請求をすることができる場合においても，直ちに提起することを妨げない」（行訴法8条1項）と定めている。**当事者の自由な選択**によって，**不服申立て又は処分の取消訴訟**を提起するか，あるいは2つとも提起するかを選択できる。この選択を認めることを自由選択主義という。

1 誤り。行政事件訴訟を提起する場合には，事前に審査請求等に対する裁決を経ることを要件とする主義である。現行法（行政事件訴訟法）では，特に法律で定めた場合にのみ例外として認められている（同法8条1項ただし書）。

2 誤り。現行法は，**処分の取消しの訴えと裁決の取消しの訴え**とを区別するとともに，裁決の取消しの訴えにおいては，裁決の手続上の違法その他裁決固有の違法しか主張できないことにし，原処分の違法を主張するためには，処分の取消しの訴えによらなければならないものとした（**原処分主義**）。確かに現行法は原処分主義を採用しているが，「最も基本的な原則」という点から誤りとする。

3 誤り。**審査請求前置主義**は，原処分について出訴を許さず，裁決の取消しの訴えにおいてのみ争うことができるという主義である。平成26年の法改正では，第三者機関が関与し高度に専門技術的な判断を行っている処分について前置を認めるという新たな基準が提示されている。

4 誤り。訴願等の不服申立てのできる場合には，裁決等を経た後でなければ出訴を許さないという主義である。旧法（行政事件訴訟特例法，昭和23年〜37年）においては採用していた。

5 正しい。行政事件訴訟法は，訴願前置主義の原則を廃し，出訴については審査請求の経由，不経由を原告の自由選択とする建前を原則的に採用している（同法8条1項）。

正解 5

Q 97 民衆訴訟と機関訴訟

★

行政事件訴訟法に定める民衆訴訟又は機関訴訟に関する記述として妥当なのは，次のどれか。

1 民衆訴訟は，法律上の争訟に該当し，国民が行政庁の公権力の行使に関して不服がある場合に選挙人たる資格によって訴訟を提起するものであり，住民訴訟とも呼ばれる。
2 民衆訴訟は，権利主体が対等の立場で権利関係を争う訴訟であり，その権利関係は公法関係に属するが，訴訟の基本的な構造については通常の民事訴訟と異なるところはない。
3 機関訴訟は，国又は公共団体の機関の法規に適合しない行為の是正を求める訴訟であり，国民は自己の法律上の利益にかかわらない資格で任意に訴訟を提起することができる。
4 民衆訴訟及び機関訴訟は，法律上の争訟には該当せず，国民の権利利益の保護救済を目的とした主観的訴訟に属するものであり，判決の効力は第三者に対しては及ばない。
5 民衆訴訟及び機関訴訟は，立法政策上認められた客観的訴訟の性質を有するものであり，法律に定める場合において法律に定める者に限って訴訟を提起することができる。

| 正解チェック欄 | 1回目 | 2回目 | 3回目 | **A** |

1 誤り。**民衆訴訟**とは，国又は公共団体の機関の法規に適合しない行為の是正を求める訴訟で，選挙人たる資格その他自己の法律上の利益にかかわらない資格で提起するものをいい（行訴法5条），**機関訴訟**（同法6条）とともに，一般に客観(的)訴訟と呼ばれる。

2 誤り。当事者訴訟（行訴法4条）の説明である。

3 誤り。民衆訴訟（行訴法5条）の説明である。

4 誤り。**民衆訴訟**及び**機関訴訟**は，個人の権利や利益とは必ずしも直接的に関係なく，法規の正しい適用を確保し，一般公共の利益を保護するために特別に認められる訴訟，つまり，法規範の維持に資することを目的とする**客観(的)訴訟**である。

5 正しい。国民の個人的な権利・利益の保護を目的とする訴訟を**主観訴訟（抗告訴訟と当事者訴訟）**といい，客観的な法秩序の維持を目的とする訴訟を客観(的)訴訟という。ここでいう客観とは，国民個人の権利・利益にはかかわらないが，違法行為の是正を通じて客観的な法秩序の保護を図るものである。

　客観(的)訴訟は「法律上の争訟」に当たらないので，法律や条例に明文の根拠がある場合にのみ提起できる（行訴法42条）。民衆訴訟と機関訴訟は，いずれも政策的に見て司法判断が必要な事項についてのみ，例外的に法律により提訴が許される。

※**民衆訴訟の例**—公職選挙法による選挙又は当選の効力に関する訴訟（同法203条，204条，207条，208条），地方自治法に定める住民訴訟（同法242条の2）や条例の制定・改廃の直接請求の署名簿の効力を争う訴訟（同法74条の2第8項，9項）など。

※**機関訴訟の例**—(1)職務命令訴訟(平成12年4月以降)法定受託事務(自治法245条の8第3項，12項)，(2)国地方係争処理委員会による審査の手続及び訴訟(同法250の7，250条の13，250条の14，251条の5)，(3)自治紛争処理委員による審査の手続及び訴訟(同法251条，251条の3第1項～7項，251条の3第5項～15項，252条)，(4)地方公共団体の議会と長との間の紛争の審査及び訴訟(同法176条7項)，(5)その他（地方税法8条，住民基本台帳法33条等）にも機関訴訟が認められている。

正解　5

Q 98 内閣総理大臣の異議

★

取消訴訟における裁判所の執行停止に対する内閣総理大臣の異議に関する記述として妥当なのは、次のどれか。

1 内閣総理大臣の異議は、執行停止制度に対する重大な制約であり、行政権による司法権の侵犯で権力分立を乱し、憲法違反の疑いがあることから、これまで行使されたことがない。

2 内閣総理大臣の異議は、執行停止の申立てがなされた後、裁判所が執行停止を決定する前に行使することを要し、裁判所が執行停止を決定した後には行使することができない。

3 内閣総理大臣の異議は、行政作用についての司法権の判断に対して、公共の福祉に重大な影響を及ぼすことを理由として行使するものであるが、裁判所はその異議の理由の適否について審査することができる。

4 内閣総理大臣の異議は、これを有効とさせるためには異議の理由を付さなければならず、異議の理由を付さないときは不適法な異議であり、異議の効力は生じないとされている。

5 内閣総理大臣の異議は、これを行使したときには次の国会で報告しなければならず、異議に対して国会で疑義が認められた場合、異議は無効となり裁判所の執行停止の決定が有効となる。

正解チェック欄　1回目　2回目　3回目　　A

内閣総理大臣の異議の制度は，公共の福祉の見地からの裁判所の**執行停止の決定への対抗手段**である。内閣総理大臣は，執行停止の決定の前後を問わず，裁判所に対して異議を述べることができる（行訴法27条1項）。

1　誤り。東京都公安委員会の，集団示威行進の許可に付された進路変更に関する条件の効力停止を認めた東京地方裁判所（昭42.6.9）に対しての内閣総理大臣の異議申立てなどの実例がある。国会周辺を通る集団示威行進に対し，東京都公安委員会が進路の一部（国会の周辺コース）を変更して許可した事例で，変更部分（許可条件）の執行停止申立てにつき，上記のように東京地裁はこれを容認した（申請通りの行進が可能）。これに対し，内閣総理大臣が，即日（6月9日），異議申立てをしたので，東京地裁は翌日（6月10日），行政事件訴訟法27条（内閣総理大臣の異議）に基づいて，執行停止の決定を取り消したものである。

2　誤り。**内閣総理大臣**は，裁判所に対し異議を述べることができ，執行停止の決定があった後においても同様である（行訴法27条1項）。異議は，裁判所の執行停止決定の前でも後でもできる。

3　誤り。**内閣総理大臣の異議**があったときは，「裁判所は，執行停止をすることができず，またすでに執行停止の決定をしているときは，これを取り消さなければならない」（行訴法27条4項）としているので，裁判所は審査できない。

4　正しい。「異議には，理由を附さなければならない」（行訴法27条2項），「処分の効力を存続し，処分を執行し，又は手続を続行しなければ，公共の福祉に重大な影響を及ぼすおそれのある事情を示すものとする」（同法27条3項）とされている。

5　誤り。国会に報告する義務を負うのみである（行訴法27条6項）。したがって，「異議に対して国会で疑義が認められた場合，異議は無効となり裁判所の執行停止の決定が有効となる」ことはあり得ない。

正解　4

Q99 抗告訴訟——①

★★★

行政事件訴訟法に定める抗告訴訟に関する記述として、妥当なのは次のどれか。

1 抗告訴訟は、国又は公共団体の機関相互間の権限の存否に関する訴訟であり、法律の定める者に限り提起することができる。

2 抗告訴訟は、公法上の法律関係に関する訴訟であり、選挙人たる資格を有する者に限り提起することができる。

3 抗告訴訟は、当事者間の法律関係を形成する処分に関する訴訟であり、例として住民訴訟が挙げられる。

4 抗告訴訟は、国又は公共団体の機関による法規に適合しない行為の是正を求める訴訟であり、例として職務執行命令訴訟が挙げられる。

5 抗告訴訟は、行政庁の公権力の行使に関する不服の訴訟であり、例として行政処分の取消訴訟が挙げられる。

| 正解チェック欄 | 1回目 | 2回目 | 3回目 | A |

 行政事件訴訟法は，行政事件訴訟として，**①抗告訴訟，②当事者訴訟，③民衆訴訟及び④機関訴訟**の4種類を挙げている。
 ①②は，国民の個人的権利利益の保護を目的とする**主観的訴訟**であり，③④は，法秩序の維持を目的とする**客観的な訴訟**である。
 このうち**抗告訴訟**とは，行政庁の公権力の行使に関する不服の訴訟をいう（行訴法3条1項）。行政行為その他行政庁の公権力の行使にかかわる行為又は不行為により権利利益を侵害された者が，その行為・不行為の適否を争う訴訟である。抗告訴訟は，行政事件訴訟の中核をなす訴訟形式で，その具体的形態として，**①処分の取消し，②裁決の取消し，③無効等確認，④不作為の違法確認，⑤義務付け及び⑥差止め**がある（同条2項〜7項）。これらの訴えは，行政事件訴訟法の定める抗告訴訟という意味で，法定抗告訴訟と呼ばれる。義務付け訴えと差止め訴訟は法定外抗告訴訟（無名抗告訴訟）であったものが平成16年の同法の改正によって法定抗告訴訟となったものである。
 なお，**当事者訴訟**は，権利主体が対等な立場で権利関係を争う訴訟である（同法4条，例えば，除名処分の無効を前提として，議員の地位を求める訴訟，公務員の給与の請求に関する訴訟など）。

1 誤り。**機関訴訟**（国又は公共団体の機関相互間における権限の存否又はその行使に関する紛争についての訴訟（行訴法6条）をいう。国地方係争処理委員会による審査の手続及び訴訟（自治法250条の13, 251条の5）などである。
2 誤り。選挙人の資格と**取消訴訟の原告適格の有無**は無関係。
3 誤り。**住民訴訟**（自治法242条の2）は，自己の法律上の利益に関係なく訴えを起こせる，民衆訴訟（行訴法5条）の一種である。
4 誤り。**民衆訴訟**（国又は公共団体の機関の法規に適合しない行為の是正を求める訴訟（自治法5条）をいう。公選法に基づく選挙又は当選の効力に関する訴訟（同法203条, 207条），自治法上の住民訴訟（同法242条の2）など）である。
5 正しい。行政事件訴訟法3条1項の通りである。　　正解 5

Q 100 抗告訴訟——②

★

行政事件訴訟法における抗告訴訟に関する記述として妥当なのは，次のどれか。

1 抗告訴訟の対象には，法律行為的行政行為及び準法律行為的行政行為が含まれるが，公権力の行使に当たる事実行為は含まれない。

2 抗告訴訟では，処分の取消判決が確定するとその処分の効力は遡及的に消滅し，この判決は原告だけでなく訴外の第三者に対しても効力を有する。

3 抗告訴訟では，訴外の第三者にその権利や利益を守る機会を与えるため，その第三者の申立てによる訴訟参加は認められているが，被告行政庁以外の行政庁の訴訟参加は認められていない。

4 抗告訴訟では，処分があった後にその処分をした行政庁の権限が他の行政庁に承継されたときは，そのいずれの行政庁をも被告として訴えの提起をすることができる。

5 抗告訴訟の審理では，迅速かつ公正妥当な解決を期するため，職権主義がとられており，当事者の弁論を通じて行われる弁論主義が補充的な方法として用いられている。

正解チェック欄　1回目　2回目　3回目　**A**

(1) **抗告訴訟の特色**，とりわけ取消訴訟の7つの訴訟要件は，次の通りである。なお，これらの要件を欠いて訴えを提起すると，裁判所は，却下といういわば門前払いの判決をすることになり，中身（請求内容）の審査がされない。

①処分性（行訴法3条2項），②原告適格（同法9条1項本文），③訴えの利益（同項カッコ書），④被告適格を有する行政庁への訴え（同法11条），⑤不服申立前置（審査請求前置）主義の場合は，不服申立てを経た後で（例：建築基準法96条など）（同法8条1項ただし書），⑥出訴期間内に出訴をする（同法14条），⑦管轄裁判所は，原則として地方裁判所が第一審の管轄裁判所となる（同法12条）。

(2) **その他の特色**として，審理手続は，当事者主義の枠内において，必要に応じて職権主義がとられていること，被告となった行政庁以外の行政庁を必要であると認めるときは参加させることができること，取消判決の第三者効力(対世効)が認められていること等がある。

1　誤り。公権力の行使に当たる事実行為が含まれる。
2　正しい。行政事件訴訟法32条1項の内容の通りである。
3　誤り。処分又は裁決をした行政庁以外の行政庁の訴訟参加も認められる（行訴法23条）。
4　誤り。平成16年の行政事件訴訟法改正で，取消訴訟の被告適格は，従来の行政庁から，行政庁の所属する国・公共団体に改められた（同法11条1項）。また，行政庁が国・公共団体に所属しない場合，その行政庁を被告とする（同条2項）。この場合，権限が承継された行政庁を被告とする（同法11条1項）。
5　誤り。**当事者主義**の枠内において，必要に応じて**職権主義**（行訴法24条）がとられているものである。当事者が主張しない事実についてまでも，裁判所が職権で証拠を探知し調べるという職権探知主義（人事訴訟法20条）を採用したものではない。

正解　2

Q 101 抗告訴訟——③

★★★

行政事件訴訟に関する記述として妥当なのは，次のどれか。

1 行政事件訴訟は，法律関係の性質に着目したものであって，公法上の法律関係のみが抗告訴訟という訴訟形式で争い得るところに特徴があり，私法上の法律関係については，当事者訴訟をもって争い得る。

2 行政事件訴訟は，法律関係の性質に着目したものであって，公法上の当事者関係のみが抗告訴訟という訴訟形式で争い得るところに特徴があり，形式的行政処分によるときは抗告訴訟をもって争うことはできない。

3 行政事件訴訟は，法律関係の性質に着目するとともに，具体的な行政行為の形式の種類に応じて訴訟形式を区分しているところに特徴があり，私法関係における紛争解決を目的とした民事訴訟手続の準用を認めていない。

4 行政事件訴訟は，法律関係の性質に着目したものというよりは，行政行為という行政の行為形式を当事者訴訟という訴訟形式で争わせるところに特徴があり，形式的行政処分によるときは当事者訴訟をもって争うことができる。

5 行政事件訴訟は，法律関係の性質に着目したものというよりは，行政処分という権力的行為形式を抗告訴訟という訴訟形式で争わせるところに特徴があり，形式的行政処分によるときであっても抗告訴訟をもって争い得る。

| 正解チェック欄 | 1回目 | 2回目 | 3回目 | A |

1 誤り。**当事者訴訟**は，①当事者間の法律関係を確認又は形成する処分・裁決に関する訴訟で，法令の規定によりその法律関係の当事者の一方を被告とするもの（形式的当事者訴訟）と②公法上の法律関係に関する訴訟（行訴法4条，実質的当事者訴訟）の2種類がある。これらの訴訟は，対等当事者間の法律関係に関する訴訟であり，抗告訴訟の実質を持たず，民事訴訟と同様の性質を持つ。なお，私法上の法律関係は，**民事訴訟**をもって争う。

2 誤り。**形式的行政処分**（実質上は公権力の行使に当たらないが，法令によって処分としての形式を与えられたもの，生活保護法（69条）上の保護の決定及び実施に関する処分など）によるときも**抗告訴訟**をもって争い得る。

3 誤り。行政事件訴訟法7条に定めがない事項は，民事訴訟の例による。

4 誤り。行政行為に関する訴訟をすべて当事者訴訟に含めている点で正確でないほか，形式的行政処分も判例で抗告訴訟の対象とされている（最判昭45.7.15）。

5 正しい。行政事件訴訟法3条2項（抗告訴訟）は，同法において「処分の取消しの訴え」とは，行政庁の処分その他公権力の行使に当たる行為の取消しを求める訴訟をいうとしている。行政処分とは，行政庁による公権力の行使を内容とする行為（営業許可など）である。本来，生活保護の給付は贈与契約，官公庁建物の一部の貸与は賃貸借契約という性質を持つ非権力的な作用であるが，**生活保護法（24条，25条，64条～66条，69条）は前者を保護の開始決定，国有財産法（18条3項）は後者を行政財産の目的外使用許可とし，いずれも行政処分としている**。実質は非権力的行使であるが，法律が行政処分として構成している行為を**形式的行政行為（処分）**と捉え，公権力行使の実質を持つ一般の**実質的行政行為（処分）**と区別している。この処分に不服のある者は，抗告訴訟を提起しなければならない。

正解 5

頻出ランク付・昇任試験シリーズ4

行政法101問＜第3次改訂版＞

平成 9年 3月20日　初　　版　発　行
平成12年 4月10日　第 1 次改訂版発行
平成18年 1月25日　第 2 次改訂版発行
平成28年 7月13日　第 3 次改訂版発行
令和 6年 6月18日　9　刷　発　行

編著者　地方公務員
　　　　昇任試験問題研究会

発行者　佐久間　重　嘉

学陽書房
102-0072
東京都千代田区飯田橋1-9-3

（営業）☎ 03 (3261) 1111
F A X 03 (5211) 3300
（編集）☎ 03 (3261) 1112
http://www.gakuyo.co.jp/

印刷/東光整版印刷　製本/東京美術紙工
Ⓒ2016,　Printed in Japan
ISBN 978-4-313-20743-1　C 2332
落丁・乱丁本は，送料小社負担にてお取り替えいたします。

米川謹一郎　編著
試験・実務に役立つ！
地方公務員法の要点
第11次改訂版

地方公務員法の最も重要な項目を101に整理し、分かりやすい解説を見開き頁におさめた使いやすいと評判の画期的参考書！　主任・係長・管理職試験問わず、昇任試験対策に最適。

四六並製 224頁　定価 2420円（10％税込）

地方公務員昇任試験問題研究会　編著
完全整理
図表でわかる地方自治法
第6次改訂版

地方自治法の全容がわかる昇任試験参考書の決定版！六法を読んでも意味がわからない、法律条文を読むのが苦手という初学者にオススメ！

Ａ5並製 224頁　定価 2860円（10％税込）

地方公務員昇任試験問題研究会　編著
この問題が出る！
地方公務員スピード攻略
第1次改訂版

「これが出る！」という問題を厳選した、効率的に勉強したい人におすすめの問題集！左頁に問題、右頁に解答を配置。次の見開きで図表等により出題項目をわかりやすく整理！

四六並製 192頁　定価 2200円（10％税込）

□ 学陽書房 □